物价天天涨，我们怎么办

孙玉梅 陈兴建◎著

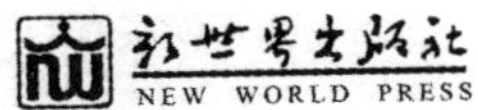

图书在版编目（CIP）数据

把通货膨胀彻底说清楚 / 孙玉梅，陈兴建著. —北京：新世界出版社，2012.1

ISBN 978-7-5104-2491-5

I. ①把… II. ①孙… ②陈… III. ①通货膨胀－通俗读物 IV. ①F820.5-49

中国版本图书馆CIP数据核字（2011）第279275号

把通货膨胀彻底说清楚

作　　者：孙玉梅　陈兴建
责任编辑：余守斌　邓东文
责任印制：李一鸣　黄厚清
出版发行：新世界出版社
社　　址：北京西城区百万庄大街24号（100037）
发 行 部：（010）6899 5968　　（010）6899 8733（传真）
总 编 室：（010）6899 5424　　（010）6832 6679（传真）
http://www.nwp.cn
http://www.newworld-press.com
版 权 部：+8610 6899 6306
版权部电子信箱：frank@nwp.com.cn
印　　刷：北京中振源印务有限公司
经　　销：新华书店
开　　本：710×1000　1/16
字　　数：200千字　　印　　张：14
版　　次：2012年3月第1版　2012年3月第1次印刷
书　　号：ISBN 978-7-5104-2491-5
定　　价：29.80元

版权所有，侵权必究

凡购本社图书，如有缺页、倒页、脱页等印装错误，可随时退换。

客服电话：(010) 6899 8638

前言

物价上涨，你的生活HOLD住了吗？

“从明天起，关心粮食和蔬菜”，这是已故诗人海子的一首脍炙人口的诗，曾经在诗歌爱好者及一些文学青年中广为流传，但不知何时起，它却成了众多上班族的QQ或MSN签名。

为什么一向关心时尚与八卦、紧盯品牌与流行趋势的白领们，会把关注的焦点聚集在粮食和蔬菜上呢？当然是由于时下愈演愈烈的涨价潮。

近年来，我国物价不断上涨，消费者物价指数（Consumer Price Index，CPI）一路攀升，先是“蒜你狠”（大蒜价格疯涨超过100倍，甚至比肉、鸡蛋还贵）、“棉花掌”（棉花等纺织原料的价格大涨）等粉墨登场，之后“豆你玩”之土豆，也开始亮相于物价上涨的舞台。于是，“涨价”成了2011年的流行语。成品油涨了、食用油涨了、白酒涨了、猪肉涨了……

涨、涨、涨，除了存折上的钱以及每个月的工资不涨，什么都在涨。不经意间，很多人进入了“被涨价”的通胀时代。

物价上涨的原因是复杂的，给人们生活带来的影响也是巨大的。高物价下可以说众生百相，有人叹息，有人抱怨。据相关部门的某项调查显示，有68.2%的人认为当前物价水平“高，难以接受”。这当中表现

最为突出的就是：日常饮食开支像滚雪球一样越滚越大，人们明显地感觉到了生活压力的加重。

在这个“除了涨价，什么都是浮云”的时代，你最深的感受是什么？你最大的愿望是什么？想必是物价下降，或工资上涨吧！可工资啥时能涨呢？也许涨了工资，但其涨幅根本跑不赢CPI呢！至于物价何时能下降，一要看政府的调控政策，二要看市场的运行情况。

为调控居高不下的物价与房价，政府相关部门也出台了一系列的举措。比如，推行稳健的货币政策、发布楼市限购令和限价令、约谈预期涨价的企业、上调工人最低工资标准等，来遏制一路高歌的物价，保障老百姓的“菜篮子”，减轻老百姓的生活压力，提高老百姓的幸福指数。

盼望着，盼望着，到2011年8月份时，CPI终于小幅度回落至6.2%。尽管回落幅度很小，但至少是回落了。这意味着CPI这匹脱缰的野马，终于收住了上涨的步伐。需要注意的是，即使上涨的趋势被遏制住了，但高涨的物价一年半载甚至长时间内，也无法回落到原先的低价位。因此，在期待政府宏观调控的同时，我们自身也需转变消费理念，注重节流或设法进行投资创收，做好对抗通胀的准备。

可是，如何节流或投资创收？又需要注意哪些事项呢？相信一些平时习惯花钱大手大脚、没有什么投资经验的80后年轻人，肯定是一脸的茫然和不知所措。基于此，我们策划了这本《物价天天涨，我们怎么办》。

本书从通货膨胀产生的原因以及对人们生活的影响入手，层层深入地盘点了2011年上半年一些商品的上涨趋势，用生动的案例和简单易懂的语言，一一阐述了每种物品上涨的最根本原因，并综合了80后白领一族及邻家大妈、大婶的省钱或投资理财经验，“对症下药”地向广大读者提供了一些对抗通胀的策略、技巧。

这些策略、技巧不仅简单易操作，实用性强，可以现学现卖，而且比较时尚，比较“潮”。掌握了这些策略、技巧，你就可以迅速变身为“账客族”、“囤囤族”等十大省钱族群的一员，轻轻松松对抗通货膨胀的威胁。当然，在变着法子省钱过日子的同时，丝毫不会降低生活质量。

总而言之，在物价飞涨的时代，如果你不关心物价上涨趋势和物价上涨原因，你就OUT了；如果你不看本书，不做“账客族”、“囤囤族”，你更OUT了。

CONTENTS >>>>
目 录

第五章 >>> 物价蹭蹭涨，我们如何捂紧钱袋子？

第六章 >>> 物价上涨，“潮人”如何聪明过日子？

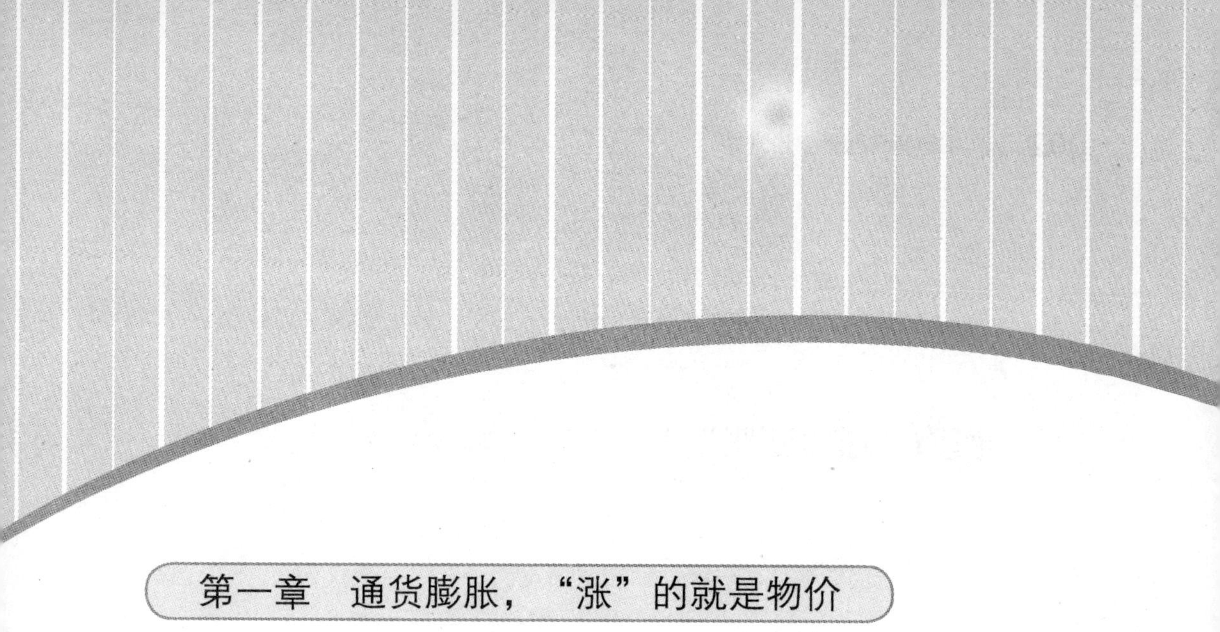

第一章　通货膨胀，“涨”的就是物价

通货膨胀不能简单理解成物价上涨，只有整体物价水平在某一时期内连续性地以相当的幅度上涨，才预示着一个通胀时代的来临。

通胀不仅意味着我们的钱毛了、钱不值钱了，人们的购买力下降了，人们的生活水平下降了，更意味着大批人员失业。因而，如果你不关心物价上涨趋势以及物价上涨原因，你就真正OUT了。

何为“通货膨胀”？

对于很多人来说，物价上涨是一个非常熟悉的词，是一个零距离影响我们生活的词，而提及通货膨胀，相信很多人会感觉到有些陌生或有些距离感。

何为通货膨胀呢？从经济学角度来看，通货膨胀（Inflation）就是指一个经济体在一段时间内货币数量增速大于实物数量增速，物价水平普遍上涨，于是，单位货币的购买力下降。换言之，通货膨胀就是指整体物价水平持续性上升，但人们的购买力下降了。

美国经济学家莱得勒和帕金认为，通货膨胀是一个价格持续上升的过程，换言之，就是一个货币价值持续贬值的过程。用寻常百姓的大白话来说，通货膨胀就是“什么都涨价了”，物价一个劲儿地上涨，居高不下。在理论上，物价上涨也的确是通货膨胀的一个重要标志。

物价上涨对老百姓来说，就意味着钱毛了、钱不值钱了。举个最简单的例子。在2000年年初的时候，我们用10元钱可以买20个，甚至更多的苹果，但到了2011年的时候，我们用10元钱就只能买10个苹果了。

如果你还是不太明白，我们再来看一个实例。很多人喜欢早晨买油饼当早点，并且对此是乐此不疲。从2000年年初到现在，油饼的价格可以说发生了天翻地覆的变化，常吃油饼的人应该对此深有体会吧！

2000年年初的时候，小摊上油饼的价格是5毛钱一个，10元钱能买20个油饼。可现在呢？油饼是2元钱一个，如果你拿10元钱去买，只能买5个。算一算，这差距有多大？怕是地球人都会吓一大跳吧：现在的物价可真高！

为何物价这么高呢？又为何总是居高不下呢？当然是通货膨胀在作怪、在搞鬼！

通常，很多老百姓认为，通货膨胀现象是金融理论研究的一个重要课题，是银行宏观金融管理的一大现实问题，是国家要调控的对象，似乎离我们有些远。如果你也这样认为，你就OUT了。因为在发展中国家，通货膨胀是时常发生的事，说它关系到我们老百姓的民生问题，一点也没有夸大其词。或许是因为此吧，越来越多的人开始关心通货膨胀了。

通货膨胀到底是一种什么样的经济现象，物价上涨就是通货膨胀吗？

对于通货膨胀，经济学家们众说纷纭，不同的专家有不同的定义与观点。按照国际惯例，当CPI大于3%的增幅时，就是通货膨胀。我们可以从以下几方面来理解：

1.通货膨胀的一个重要标志就是物价上涨。简单地说，通货膨胀指在纸币流通条件下，因货币供应量大于货币实际需求量，导致货币本身价值下降，因而，购买同一件商品（比如买猪肉）时，你需要付出更多的钱（货币）。

2.通货膨胀意味着物价上涨，但这种上涨不是指个别商品价格的上涨，而是指整体物价水平的上涨。不仅包括我们日常吃的、用的、穿的等商品价格的上涨，还包括劳务价格（确切地说是工人工资）的上涨。

3.通货膨胀是指在一段时间内物价持续而普遍上涨的经济现象。因而，通货膨胀不是指一次性或短期的价格上升，而是指长时间的价格上升。

举个例子。某一年因天气的原因大白菜歉收，导致大白菜的价格从每斤5角涨到1元，这并不叫通货膨胀。但是，如果包括大白菜在内的一揽子商品价格，像芹菜、豆角、猪肉、米等农产品价格，乃至酱油、醋等副食品价格全面上涨，并且在两三年内持续上涨，就可以称得上是通货膨胀现象了。

进入21世纪以来，我国物价已经历了三次大的波动，而且持续时间都比较长。

第一次从2003年1月CPI由负转正后到2004年开始加快上涨，2004年7月最高涨幅达到5.3%；第一轮价格上升持续了18个月。

第二次从2006年3月到2008年4月，CPI由最低0.8%持续上涨至8.4%，涨幅较大；在2007年1月至9月期间，CPI逐月上升，并连续超出中国人民银行（以下简称央行或人行）设定的3%这一通货膨胀警戒线；到2008年1月时，CPI较去年同期上涨7.1%，4月达到8.4%，创11年新高；第二轮价格上升持续了25个月。

第三次从2009年11月CPI由负转正后到2010年8月上涨了3.5%。第三轮仅持续上涨9个月，且涨幅明显低于前两次。

从影响这三次物价波动的原因来看，均是由于粮食等农产品价格大幅上涨所导致的，都属于结构性物价上涨。

不过，如果某些商品的价格今天涨了，没过多长时间又下跌了，就不能称之为通货膨胀，只是短期的物价不稳定而已。比如，2011年受日本地震影响而导致的食盐涨价事件。尽管食盐的价格涨得又快又高，但由于国家相关部门的调控，没过几天又恢复正常了。

综上所述，我们不难理解通货膨胀了吧！

其实，对于我们老百姓来说，通货膨胀很简单，那就是物价上涨了，而且是“持续、明显”地上涨。这可是通货膨胀的两个关键词哦！

由于物价总是蹭蹭地上涨，结果我们手头的钱就毛了、就不值钱了。用经济学家的话来说，就是货币贬值了。

当钱不值钱后，我们的生活肯定会发生很多变化。比如，单位货币的购买力下降导致我们的生活质量与生活水平不断下降。这才是最让我们难以接受与面对的现实，也是让我们担心与纠结的症结所在。

别说你不懂CPI

如果你看通货膨胀的相关新闻或报道，经常会碰到这么一个词——CPI。CPI是个什么玩意儿？在通货膨胀中，它又有着什么样的功能与作用呢？

事实上，CPI是“消费者物价指数”的英文单词“Consumer Price Index”的缩写。不过，可不要小看CPI。因为它既是对一个固定的消费品篮子价格的衡量，主要反映消费者支付商品和劳务的价格变化情况，又是度量通货膨胀水平的一个工具与重要指标。

如何度量呢？很简单，用百分比变化来度量。当一个国家或地区的CPI大于3%的增幅时，就可称之为通货膨胀；而当CPI大于5%的增幅时，就称之为严重的通货膨胀。可见，CPI波动幅度越小，物价越稳定，就能远离通货膨胀的困扰。反之，就会深受通货膨胀之害，甚至像陷入泥潭一样难以自拔。

同时，CPI亦是衡量一个国家或地区经济目标的参考指标。很多国家都把CPI稳定、就业充分及GDP增长作为自己的理想经济目标。

CPI的构成往往与消费指数有关，尤其是与居民日常生活必需品的消费指数关系重大。目前，我国CPI构成和各部分比重具体如下：

1.食品，其所占比例为31.79%；

2.烟酒及用品，其所占比例为3.49%；

3.居住，其所占比例为17.22%；

4.交通通讯，其所占比例为9.95%；

5.医疗保健个人用品，其所占比例为9.64%；

6.衣着，其所占比例为8.52%；

7.家庭设备及维修服务，其所占比例为5.64%；

8.娱乐教育文化用品及服务，其所占比例为13.75%。

CPI的具体计算公式为：

CPI=（一组固定商品按当期价格计算的价值/一组固定商品按基期价格计算的价值）×100%。

面对CPI的具体计算公式，也许你觉得难以理解，我们可以举例说明。比如，2003年你一个月的生活费为800元，而2009年你一个月的生活费为1000元，那么你所在国家2009年的消费者物价指数CPI（以2003年为基期）=1000/800×100%=125%。由此可见，物价上涨了25%（125%−100%=25%）。

近几年来，欧美国家的GDP增长一直在2%左右波动，CPI也在0%～3%的范围内变化。但我国近些年的CPI涨幅可以说是越来越快。特别是2010年7月之后，CPI一路攀升，而且通胀的幅度比较大、范围比较广。从总体涨幅上来看，2010年全年CPI的涨幅大约为3.3%。

2011年，我国CPI依然呈上涨态势。其中，1月份，CPI同比上涨4.9%；2月份，CPI同比上涨4.9%，涨幅与1月份持平；3月份，CPI同比上涨5.4%；4月份，CPI同比上涨5.3%……而到了2011年7月份，据相关部门的统计数据显示，上半年全国CPI同比上涨5.4%，其中食品类价格上涨11.8%，居住类价格上涨6.3%。

其实，不用看相关部门的CPI数据报道，对于物价的上涨幅度，常买菜的邻家大妈们怕是体会最深了。家住北京宣武区的刘大妈，已经

60多岁了，几年前她还不知道CPI为何物，但经历了2010年的涨价风波后，她已懂得，只要是CPI上涨，就意味着东西越来越贵，而自己口袋里的钱就会越来越不经花。

当你走在通往菜市场的路上，随便找一大妈聊聊物价，她都会准确地说出今天哪些菜又涨价了，往年的这个时候菜价又是多少。可以说，对于物价的上涨，这些邻家大妈们的感触最深："现在怎么了？为何物价天天涨呢？"

通货膨胀杀伤力知多少

如果你问一个国家的经济部长最关心什么问题，他肯定会这样如数家珍：一经济增长；二通货膨胀；三失业率。如果你问邻家大妈们最怕的是什么，相信她们的答案肯定是这样的：一通货膨胀；二还是通货膨胀。为何上至经济部长，下到寻常百姓，大家都怕通货膨胀呢？通货膨胀会给我们带来什么样的危害？会怎样影响到我们的生活呢？

通货膨胀常被经济学家们描绘成经济发展中的妖怪甚至恶魔，有经济学家说它是“狼来了”。事实上，通货膨胀的负面影响的确非常大，或者说是杀伤力太大了，有时大得我们都无法想象。

众所周知，如果通货膨胀导致了经济危机，肯定会有大批人员失业，从而导致社会失业率猛增。而恶性的通货膨胀则具有灾难性的影响，它将会使整个市场经济处于瘫痪状态。

让我们以1923年德国发生的恶性通胀为例，来分析一下。德国为何会发生恶性通胀呢？当然是源于它在应对第一次世界大战时的大笔支出。结果，就造成了历史上最疯狂的通胀的肆虐。通胀最严重时，某一商品的价格在几小时内就可能翻一番。

1923年年底，德国人如果想买一个面包，就得花费200亿马克（德

国钱币）。那时，德国有一些家庭主妇情愿用马克当炉灶的柴火，因为用钱币当柴火要比拿钱币去买柴火便宜得多。

你看，人们宁愿拿钱币当柴火，也不愿拿钱币去买柴火，当时的市场会怎样呢？当然是崩溃了、瘫痪了。

由于通货膨胀的严重程度不同，经济学家们将其分为了三类：

1.温和的通货膨胀，经济学家又将其戏称为“爬行的通货膨胀”。其特点是价格上涨缓慢且可以预测，比较稳定。

2.加速的通货膨胀，又叫“奔驰的通货膨胀”。其特点是价格上涨较快，而且处于持续加剧中。这种通胀局面一旦形成并稳固下来，便会出现严重的经济扭曲。

3.超速的通货膨胀，亦叫“恶性的通货膨胀”。其特点是货币几乎无固定价值，物价时刻在增长，其灾难性的影响是市场经济变得一无是处。

按照国际惯例，当CPI大于5%的增幅时，就是严重的通货膨胀；大于10%的增幅时，就是恶性的通货膨胀。按照统计局的数字，我国2011年上半年的CPI是6.5%，也就是说已经是严重的通货膨胀了。

通常，只要国家出台一些调控措施，严重的通货膨胀还可以得到遏制。而令经济学家和相关部门纠结的就是恶性的通货膨胀，它就像脱缰的野马，一旦发生，物价就会一路狂奔，难以控制。

无可厚非，谁都不希望出现恶性通货膨胀。现在，让我们先抛开恶性通货膨胀，说下一般通货膨胀对国民经济以及寻常百姓生活的影响。具体分析如下：

1. 不利于国家经济的稳定、协调发展

从生产者的角度来说，通货膨胀致使物价上涨，这将导致价格信号失真，容易使企业经营者误入生产歧途，导致生产的盲目性。从国民经济的角度来看，当企业经营者误入生产歧途时，就会使国家经济的产业结构和经济结构发生畸形化。而当国家产业结构和经济结构不合理时，国家必然会采取各种措施来抑制通货膨胀，调整产业结构，这又有可能导致生产和建设的大幅度下降，出现经济萎缩。所以说，通货膨胀不利于经济的稳定、协调发展。

特别是近年来农产品、大宗产品、基础原材料价格的大幅上涨，对于民生和社会稳定来说，米价上涨比房价上涨的危害更严重。通常，如果米价大幅上涨，受影响最大的就是低收入人群，而这类人群的数量又比较大，因而对民生的危害更大。再者说，米面是源头产品，价格压力会传递到下游产品——米价贵了，米饭就贵；面价贵了，馒头、包子就会上调价格。

2. 货币贬值，影响居民的生活质量

物价上涨对老百姓来说，有一个非常显著的影响，那就是生活质量与生活水平不断下降。为什么会导致生活水平下降呢？这不能不说到货币贬值。

货币贬值有两层含义：

一是指单位货币所代表的金币价值量下降，说白了就是钱不值钱了。举例来说。2005年，100元钱可以买10斤猪肉，到2011年6月份，100元钱只能买6斤猪肉了。猪肉价格上涨前，很多人天天买猪肉吃，但猪肉价格上涨后，很多人就改为三天或一周才买一次猪肉吃了。

二是指汇率贬值。汇率为什么会贬值呢？这是由于通货膨胀会降低本国产品的出口竞争力。在黄金本位制下，引起黄金外汇储备的外流，从而使汇率贬值。比如，原来100美元合375元人民币，现在100美元合823元人民币，这就说明人民币贬值了。汇率贬值会影响一个国家或地区的对外经济发展。

由上可见，通货膨胀不仅会影响一个国家或地区经济的稳定、协调发展，更会因人们的收入增长速度慢于物价上涨速度而导致实际工资萎缩，购买力下降，居民生活水平下降。

如果出现滞胀，负面影响就会更大。那么，什么是滞胀呢？所谓滞

胀，就是指在经济生活中，生产停滞、失业增加和物价水平居高不下等同时存在的情形。毋庸置疑，这种情形是通货膨胀长期演变的结果。这也难怪很多专家是谈滞胀色变了。

20世纪70年代的美国就曾出现过滞胀，那是由1969年12月的经济危机所引发的。具体情况是这样的：1969年12月，美国爆发了经济危机，并一直持续到1982年12月。期间，美国实际GDP平均增长率只有2.9%，但年平均通货膨胀率却达到了10.46%。

对于一个国家来说，滞胀最难治理。之所以如此，是因为国家在治理滞胀时必然会采取调控政策，如扩张性的货币政策。实施扩张性的货币政策，一方面能够促进就业、推动经济增长，但另一方面却会将通胀推至更严重的程度；反之，收缩性的货币政策能够降低通胀，但却可能导致经济进一步萧条。

3. 贫富差距加大

通货膨胀，除了让居民的生活水平下降外，还有可能导致贫富差距加大。因而，对于老百姓来说，通货膨胀是几家欢乐几家愁。

对于有产阶层（也就是富人群体）而言，通货膨胀的影响不算太大，因为他们手中的钱大部分是以资产的形式出现的，比如持有大量股票、债券、房产、地产等。通常，当物价上涨时，富人的资产并没有贬值，反而会同步上涨。但对于中低收入者来说，影响就大了，比如会增加中低收入者的生活成本与压力。这样一来，就会造成富者越富、穷者越穷，贫富更加两极化。

4. 投机者坐收渔利

通货膨胀会让一些人从中渔利。比如有些投机者如果在恰当的时间投资于大宗商品、房产以及艺术品等行业，就有可能发一大笔横财，因为这些产品的价格涨幅较大。

几年前，当煤炭价格处于快速上升期时，大发其财的就是山西煤老板了。这些人本来就很有钱，当煤炭价格快速上涨时，他们的财富增长速度就如火箭一般，也许明天睡醒后，就发现自己的资产又增加了许多。

现如今，有很多人投资股市，而且用来投资的钱都是辛辛苦苦挣来的钱。而每每通货膨胀发生时，股市都有相当大的泡沫与风险，一个不小心，辛勤劳作换来的钱就会立刻被金融大浪所吞没。

特别是最近几年，股市的振荡比较大，据相关部门的统计数据显示，2010年沪深两市的震幅超过40%。在股市震荡中，很少有人能够镇定到持股一年不动，因此，在追涨杀跌之下，盈亏比例至少会再打7折。这样算来，能够跑赢CPI的股民最多占四成左右。所以，网上有股民调侃：“姜文导了部‘让子弹飞’，商场里却‘让物价飞’，该到‘让股价飞’的时候了。”

总之，不论对国家、个人，还是对企业来说，通货膨胀的杀伤力都是巨大的。所以，当通货膨胀时代来临时，我们最好是积极面对，慎重投资，这样才能规避更多的风险。

2011，通胀时代俨然来临

盼望着，盼望着，2011年的春节终于来临了，但当人们还沉浸于节日的喜庆氛围中时，一个让人沮丧的消息却被相关媒体爆出：全国50多个城市的主要食品价格上涨，1月份CPI涨幅或超5%!

“或超5%？哇，好多东西都涨价了！”面对此消息，有人开始叹息。

“天啊，这么多东西涨价，这是怎么了？”看到涨价消息，有人开始不解。

“这么夸张的涨价法，是不是预示着经济危机要来了？看来我得去超市多买些日用品了！”一听说很多东西都涨价了，有人开始恐慌。

当然，这只是一少部分人的反应，大部分老百姓都能以理性甚至乐观的态度来对待物价上涨。于是，就出现了“蒜你狠”、“姜你军”等一系列网络调侃性热词。

事实上，近几年来，物价一路上涨，特别是从2010年起，物价出现了明显的上涨趋势，“蛋涨、油涨、蔬菜涨，蒜涨、豆涨、老姜涨，只有工资没有涨！”有人这样形象地调侃2010年。

尽管2010年全年CPI同比只上涨了3.3%，但是如果一个季度一个季度地具体分析的话，我们就不难发现，CPI正以加速上涨之势，一路狂飙。

不仅如此，更让人担心的是，作为物价上涨主力军的食品，2010年全年同比竟然上涨了7.2%，12月份上涨了9.6%。在食品中，价格变化较大的是绿豆与食糖。如食糖在2010年八九月份不到一个月的时间内，从5000多元/吨迅速上涨到6000多元/吨，可以说是迅速飙升。进入11月份后，竟然一度逼近7500元/吨的历史高位。糖价如此一路走高，被网友戏称为“糖高宗”。

很多人期待着2010年之后，物价上涨的趋势能得到遏制，但2011年春节物价居高不下的冷酷现实，让尚抱希望的人们不再抱任何希望。当然，这一轮的物价上涨，套用某些经济学家的话来说，只是一个爆发期。

到2011年4月份左右的时候，从食品到居住、从上游到下游，我们“吃喝拉撒睡”的一些必需品，已呈现全面通胀的苗头，或者说物价全面、快速上涨的形势俨然已经形成。

随着春节脚步的渐行渐远，以及夏天的来临，物价更是一个劲儿地水涨船高，到6月份时，几乎已找不到没涨价的物品。经济学家们认为，2011年上半年的CPI走出了向上的箭头。而据国家统计局的数据显示，2011年上半年CPI从年初的4.9%上涨到6月份的高点6.4%，应该说物价持续在高位运行。

在经济学中，物价连续三个月上涨就可定义为通货膨胀，而2010年到2011年物价已经接连四个月持续上涨了，这意味着什么呢？很显然，这意味着一个通胀时代已然来临。瑞穗证券亚洲首席经济学家沈建光认为，之前过于宽松的信贷环境、刘易斯拐点的到来以及中国调整经济结构的决心，意味着中国已经进入“全面通胀”时代，这轮通胀将会维持很长一段时间。

对于中国是否进入了“全面通胀”时代，众说纷纭，不同的人持有不同的意见。复旦大学经济学院副院长、金融学教授孙立坚认为，目前

是物价上涨还是通货膨胀已经不重要，重要的是物价上涨确实带来了负面影响，应该分析其形成的机理，对症下药。

现在，就让我们来盘点、分析一下，通胀时代都有哪些商品的价格在飞涨，以及各上涨了多少。

1. 服装

据相关媒体报道，继今年4月份涨价后，国内五大运动服装品牌又开始酝酿新一轮的集体涨价。李宁公司日前宣布，第四季度鞋产品价格将上涨7.8%，服装将上涨17.9%。而在此前，特步、匹克等国内运动品牌同样将产品价格提高了一到两成。

2. 食品

相关统计数据显示，与去年同期相比，15种蔬菜的零售价格平均上涨了50%，有的涨幅甚至超过80%；10种水果平均上涨了75%左右；10种海鲜平均上涨了50%左右，主粮与副食品的涨幅也超过25%。

3. 食用油

近日有报道显示，鲁花食用油已向销售商下达了调价通知，上涨幅度在4%～10%不等。商务部统计数据也显示，在7月4日～10日这周里，国内食用油零售价格比前一周上涨了0.5%。

4. 房租

国家统计局的数据表明，2011年7月份全国房租同比涨幅为4%，虽然相比6月份同比涨幅5.9%的数据来说，涨幅略有趋缓，但是房租在高点上仍然有较大的涨幅，成为了整体物价水平的重要影响因素。

除了服装、食品，食用油等商品涨价外，我们在日常工作、生活中所离不开的水、电等费用也开始涨价了。

综上所述，我们不难看出，2011年上半年，从衣食到住行等生活的各个方面，都在集体涨价。

“涨价了，涨价了”，如同大喊“狼来了”，在喊时并没有觉得有什么异样，但如果狼真的来了，那么寻常百姓不仅会感触最深、唏嘘不已，而且会明显感觉到生活压力与成本在不断增加。

李大妈已退休两年，每个月有不到2000元的退休工资，老伴也有近2000元的退休工资。按理说，两位老人可以生活得衣食无忧，能够安享晚年了。但由于儿子、儿媳都是“啃老族”，所以他们不得不精打细算地过日子。

对于肉价的上涨，李大妈体会颇深：“肉要少吃了，一周吃两三次就不错了。哎，以前八九块钱一斤，现在要16块钱一斤；排骨以前12块钱一斤，现在涨到15块钱一斤了……菜也不便宜，多数菜都在2块钱以上，有好多菜都在4块钱以上，很少有1块钱以下的菜。鸡蛋也是5块钱一斤，太贵了，以前10斤10斤地买，现在只能5斤5斤地买了！什么时候东西不这么一个劲儿地涨呢？”

“什么时候东西不这么一个劲儿地涨呢？”这个可不太好说，因为物价是涨是停，不是任何人说了算的事，而是要看市场状况和国家相关部门的政策调控情况。

国家相关部门如何调控“物价”这只性格严重暴躁的“狼”呢？当然要对症下药，而在下药之前，必须先找到物价上涨的原因，或者说是通胀的推手。

谁是通胀的罪魁祸首？（1）

涨，涨，涨，随着猪肉、鱼等食品价格的一路飞涨，“涨”已然成了2011年的一个流行词，尤其是在“当家掌勺”的大妈与精明主妇们之间。每每谈及物价，大家先是纠结，之后是不解——为何物价上涨得这么快？谁是物价上涨的无形推手呢？

事实上，价格上涨是多种因素交织叠加综合作用的恶果，既有劳动力成本逐步上升的内在原因，也有国际市场大宗商品涨价的外部因素。当然，也深受自然灾害多发的影响。而坊间流传最多的一个原因，亦是由游资炒作这个罪魁祸首造成的。

什么是游资呢？顾名思义，就是闲散的可以随时动用的资金。游资炒作，用经济学家的话来说，就是集中社会闲散资金炒作货物商品谋利。此外，游资还有另一种含义，就是指在生产过程中游离出来的一种特殊形式的短期借贷资本。通常在没有任何积累的情况下，可以通过各种纯技术性的手段，如银行业务的扩大和集中、流通准备金的节约等方式形成这种流动性的货币资本。此外，一部分利润和其他个人收入也可暂时形成游资。

具体来说，游资就是利用各种关系和资源，不局限于行业、地域、时间，只要有利可求，某种产品或商品随时都有可能成为炒作的对象。

中国有句俗语叫“无利不起早。”炒游资的目的，显然是司马昭之心——路人皆知，那就是牟取暴利。能够炒游资的人，当然不是寻常百姓，而是有钱人。比如，身家过千万或过亿的企业经营者、银行家、货币资本家等。

在股票市场中，所谓的游资炒作者，理所当然指那些庄家、大户。他们动辄坐拥几亿甚至十几亿的资金，想炒什么就炒什么，而且多是快进快出，手法凶悍，如浙系涨停敢死队等游资。据业内人士披露，他们前一天在涨停板上吸货，第二天高开就抛，出手相当快。

游资不仅活跃于股市等资本市场，在房地产业更是大有人在。因而，尽管国家相关部门严厉调控房价，但去年全年居民房产消费指数依然上涨了4.5%，12月份上涨了6.0%。

游资炒作是如何成为物价上涨的罪魁祸首的呢？

游资炒作者为牟取暴利而利用游资从事货币投机，一旦这种投机活动越出国界，就易形成热币，即老百姓所说的热钱。随着热钱不断地流出流入，其总量就会在同现实积累完全无关的情况下有所增加，随之就有可能打破原有经济结构与价格的平衡与稳定，从而造成物价上涨。

游资炒作者常用的手段是：与不法经营者一起狼狈为奸，采取欺诈、串通、哄抬、囤积等不正当手段，来操纵相关商品的价格。据说，近年来农产品价格上涨，并且居高不下，游资炒作就是直接推手。这种炒作属于典型的投机倒把行为。

近年来，由于国家宏观调控的原因，房地产的“吸金”能力减缓，游资炒作者便开始瞄准农产品市场，并利用农产品市场供求信息盲区，瞄准一些易炒作、不起眼的小品种趁机推波助澜，获取一时暴利。比如对绿豆、大蒜、生姜等进行炒作。

具体方法是：从农民手中大量收购农产品，囤积起来，然后将价格抬高。2010年上半年，在绿豆、大蒜、生姜、棉花、食糖和成品油等产

品的价格上涨背后，均有游资在炒作。

由绿豆、棉花到成品油，由农产品到房产领域，游资炒作者可以说是无孔不入、无处不在。2011年3月份，在传言食用碘盐可防核辐射而引发的“抢盐”风波中，依然有游资炒作者的身影。

据某媒体的报道显示，有超过5000万浙江游资从2011年3月22日起在股市大量买入云南盐化等个股，并在收盘后到浙江各地抢盐，随后又散布谣言，3月24日游资将云南盐化拉至涨停而大幅获利。

在费尽心机的炒盐者大赚了一笔的笑声之后，是一些人无奈且愤怒的叹息。因为受到谣言影响，一些人便产生了恐惧心理：怕盐价涨得太高，于是到超市抢了很多高价盐。据说，有些人抢到的盐三年都吃不完。面对家里堆积如山的食盐，相信他们最痛恨的人就是那些游资炒作者吧！

除了游资炒作，还有什么原因会对物价上涨起推波助澜的作用呢？当然，“黑手”还有很多，其中一个最大的“黑手”就是翘尾因素。2011年年初，国家统计局的统计结果显示，2010年对2011年带来的这种翘尾因素将会达到2.6个百分点左右。

谁是通胀的罪魁祸首？（2）

什么是翘尾因素呢？翘尾因素又是如何推动2011年的物价的呢？

所谓翘尾因素，主要是指上年年末的上涨因素对第二年物价上涨形成的影响。确切地说，就是指上期物价变动因素对下期价格指数的延伸影响。翘尾因素又称翘尾效应，其中的“尾”指的是年末，“翘”是指上升的曲线。比如，某年前若干个月的CPI曲线都较平滑，但到年终这条曲线突然上升了，这种情况就叫“翘尾”。

更确切地说，翘尾是计算同比价格指数中独有的、上年商品价格上涨对下一年价格指数的影响部分。就拿黄瓜来打个比方吧。2010年前6个月，如果黄瓜价格均为每公斤1.5元，而7月份却上涨至3元。虽然到2010年12月份，黄瓜均保持同一价格，而且2010年全年价格较稳定，但2010年前6个月的同比价格指数却为200%，这就意味着价格上涨了一倍。这就是黄瓜价格指数中的翘尾因素，是上年7月份价格上涨对下一年上半年价格指数的滞后影响。

翘尾因素如何计算呢？方法当然有很多，但由于相关部门每年都要进行权数调整和部分代表规格品的更换，不同的计算方法可能会出现不同的计算结果。但不管计算方法怎么变，新涨价因素和翘尾因素的计量

单位都是以百分点为标准的。

由于相关部门的各种统计和财务报表都是以年为单位的，但经济运行并不受日历年份的影响，因而翘尾现象理所当然地会影响第二年的经济运行。具体表现为年底物价上涨、股市行情上升等。

2010年的翘尾因素是如何推动2011年的物价的呢？

这就不得不提及2010年的通货膨胀。2010年CPI增长速度不仅较快，而且是物价上涨苗头在下半年已开始显现，并于当年11月份CPI达到了最高点5.1%。而人类生存不可或缺的粮食，其价格在2010年全年同比上涨了7.2%，12月上涨了9.6%；房屋价格在2010年全年上涨了4.5%，12月上涨了6.0%。

很显然，这种翘尾因素对2011年上半年物价的稳定有着不利影响。国家统计局称，2010年对2011年带来的这种翘尾因素将会达到2.6个百分点左右。当然，这只是一个预期。

业内人士分析，除了翘尾因素，物价总水平上涨还与中国过度宽松的货币环境有关。“美国一感冒，中国就打喷嚏”，受国际金融危机的影响，2009年我国采取了“扩内需，保增长”的措施。为了扩大投资，拉动消费，国家采取了宽松的货币政策。

所谓宽松的货币政策，就是指银行增加货币供给，贷款给企业或个人，让他们去投资和消费。可以说，宽松的货币政策是物价上涨的原因之一。具体分析如下：

1. 货币超发

货币超发，顾名思义，就是指货币发行超量。用老百姓的话来说，就是发钱太多了。货币超发在某种程度上意味着国家财政的透支。

中国的货币到底有没有超发？如何才算超发呢？

事实上，我国近几年的货币超发现象十分明显。据相关部门的调查数据显示，2011年5月份，中国广义的货币达到了76.34万亿，而2000年年底只有13.25万亿。由此可见，在10年多一点的时间里，广义货币总量增长了不到6倍。而中国银行副行长王永利曾估算，中国现约有14万亿资金闲置，这就是货币超发的具体表现，也是引发通货膨胀的原因之一。

货币投放过多的后果是，直接导致资产价格上涨，如房地产价格上涨。

2. 信贷投放狂潮

2010年全年人民币贷款额增加7.95万亿元，超出年初信贷目标4000亿，这种流动性的宽裕一直延续到了2011年。

2011年1月份，银行新增信贷已突破万亿大关。这种信贷投放如一股狂潮，在不经意间成为了物价上涨的一大推手，其所导致的最严重后果就是让投机者有机可乘。比如对农产品进行疯狂炒作，由此引领新一轮的物价上涨狂潮。

为何近年来中国的贷款总量在迅猛扩大呢？这是由于我国的贷款结构有问题，如2009年后，贷款的第一大项是政府融资平台，第二大项是国有大企业，第三大项是个人贷款（主要是房贷），还有就是跨国性大公司和大型民营企业（主要也是与地产有关的贷款）。尽管人民币贷款不断增加，但很多中小企业，尤其是农村企业根本贷不到钱。

谁是通胀的罪魁祸首？（3）

2011年物价上涨的原因，除了游资炒作、翘尾因素、过度宽松的货币环境外，还有就是受大宗商品价格上涨、成本上涨等因素的影响。现将这些因素具体分析如下：

1. 大宗商品价格上涨的影响

众所周知，大宗商品价格上涨对生产者物价指数（Producer Price Index，PPI）有直接的传导作用，并会间接影响CPI。

近几年来，国内经济发展较快，对能源的需求越来越大，对国际资源、能源类大宗商品的依赖程度亦越来越严重。拿石油、铁矿石和铜来说，三种产品的对外依存度已经分别达到了55%、60%和70%。

对国外能源的过分依赖，必然会导致输入型通胀压力猛增。比如，国外石油上涨，必然波及国内石油价格以及运输成本的增加，并有可能引发恶性的连锁反应，可能会从上游开始导致整个下游产品的涨价。

2. 成本上涨的影响

经济学家厉以宁认为，当前物价上涨属于“成本推动型”。为何这样说呢？主要有四点依据：首先是原材料短缺导致价格上涨；其次是农产品供不应求引发整个成本上升；再次就是劳动力成本上升也引起物价上涨；最后是土地价格和房产价格上升。

拿劳动力成本的影响来说，近几年来，随着工业化、城镇化进程的加快，更多的劳动力、资本、土地资源快速涌向城市，农村的生产资源相对减少，这无形中就导致了农村劳动力成本的上涨。

农村劳动力成本的上涨，不仅导致农产品价格的上涨，也间接导致了企业劳动力价格的上涨。其中，珠三角经济区劳动力价格上涨的趋势最为明显，比如，当地企业2009～2010年间用工成本普遍上涨30%～40%，2011年预计仍继续上涨10%～15%。

根据螺旋效应，劳动力价格上涨将导致企业成本增加，而企业如果把这种成本转嫁于消费者身上，成本因素就将继续推动通胀水平的提高。可见，这是一种恶性循环。

3. 临时性因素的影响

近几年的物价上涨，除了大宗商品价格上涨引发输入型通胀、游资炒作、热钱流入以及劳动力成本上涨等因素影响外，还受一些临时性因素的影响，如天气异常，或者说是自然灾害的影响。

比如，2010年受年初南方干旱、北方寒冷的影响，国内玉米减产，加上少数游资囤货炒作，市场上玉米价格的涨幅较2009年同期相比，逼近三成。此事件被网友戏称为“玉米疯”。这让寻常百姓切切实实地感受到了自然灾害会引发物价较为明显的上涨。

谁是通胀的罪魁祸首？（4）

在通胀时代，涨价已经成为人们再熟悉不过的一个名词。蔬菜涨价、玉米涨价、猪肉涨价……来势汹汹的涨价潮真的是一波未平，一波又起。特别是一些食品的涨价，更是大有势不可挡之势，让老百姓难以应对与接招。

如果你细心观察就会发现，2011年上半年又有很多食品开始涨价了。比如食用油、熟食、糕点、乳制品、肉包子、快餐等开始接二连三地上调价格。据国家统计局2011年7月24日发布的50个城市主要食品价格数据显示，7月11日～20日，29种食品中有16种的价格较7月上旬有所上涨。由此可见，近期大部分食品都在涨价。用经济学家的话来说，就是食品密集提价。

在密集提价的食品中，最震撼人心的怕是猪肉的飞涨了。2011年6月中旬以来，全国猪肉价格持续上涨，这让很多人认为物价涨得越来越离谱了。但这些人想不到的是，猪肉价格的涨势竟然影响到了CPI的上涨。于是，不少人认为，正是猪先生“拱”高了2011年的物价。

是猪先生“拱”高了2011年的物价吗？

国家统计局发言人盛来运认为，5月份CPI同比上涨5.5%的原因，主要是生猪和鲜蛋涨幅比较大，其中生猪价格同比上涨了40.4%，对CPI的影响将近20%。可见，猪先生确实“拱”高了CPI。

除猪先生“拱”高CPI之说外，坊间还流传有食品类价格的上涨是整体物价上涨的“第一推手”之说。之所以这样说，是因为在当前CPI统计结构中，食品类价格比重约占1/3。食品类价格占如此大的比重，当食品价格有所波动时，势必会明显地影响到CPI的变化。

当某一国家或地区的食品价格出现全面、快速且持续的上涨时，就意味着该国家或该地区可能已出现了全面通胀压力。为什么会这样说呢？这是由于食品类价格全面上涨会以循环的方式向其上下游产品的价格传导，并可能会形成新一轮的价格上涨浪潮。

据国家统计局公布的数据显示，2011年6月份，食品类价格同比上涨14.4%，影响CPI上涨约4.26个百分点；猪肉价格同比上涨57.1%，影响CPI上涨约1.37个百分点。5月份食品类价格上涨11.7%，影响CPI上涨3.5个百分点，占CPI同比涨幅的63.6%。食品中主要是生猪和鲜蛋的涨幅比较大，5月份生猪同比价格上涨了40.4%，对CPI的影响将近20%。

食品类价格是如何快速上涨的呢？

国务院发展研究中心金融所副所长巴曙松认为，2011年物价上涨的直接导火索就是去年第四季度蔬菜价格的大幅上涨，蔬菜价格带动食品及相关价格上涨，使得CPI节节攀升，并超预期。

中信证券首席经济学家诸建芳认为，流动性宽裕是2010年物价上涨的根本原因。这导致食品类价格出现快速上涨，成为了物价上涨的“第一推手”。

当然，也有经济学家对食品类价格上涨是物价上涨“第一推手”之说持否定态度。他们认为，要追溯物价上涨的“万恶之源”，应首推房价，正是从2008年开始飙升的房价，导致了整体物价的飞涨。

房价上涨为何会导致物价飞涨呢？原因很简单，房地产业是一个资

金密集型产业，房地产市场的快速发展早已成为了整个经济增长的主要动力之一，不仅带动了相关50多个产业产品价格的迅速上涨，还带动了整个市场商品价格的全面上涨。而食品类价格快速上涨只是这轮价格上涨的最后一端。

此外，不管是生产制造型企业、还是商场、饭店、超市等服务型企业，所有企业都需要生产、办公、经营场所，都要用房、用地。不管所用场所是买的还是租的，高涨的房价必然要分摊到生产成本中去，最终由消费者买单，从而直接影响老百姓的生活成本，导致其生活压力加大。

纷繁复杂的致涨原因，不仅构成了本轮物价上涨不同以往的特质，呈现出复杂的趋势，也加剧了人们的担忧：物价究竟会高到什么程度？会不会让我们无法承受物价之重呢？最重要的是，由于单一药方难以“药到病除”，从而让抗通胀成为了一件任重道远的事。

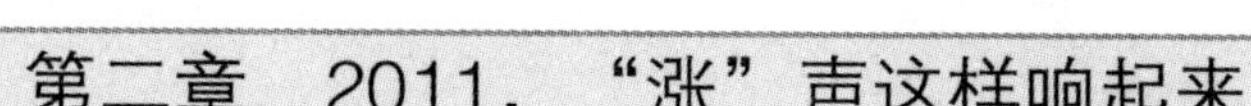

第二章　2011，“涨”声这样响起来

猪肉涨价、房租涨价、衣服涨价、粮食涨价……2011年上半年，“涨价”成了中国老百姓最关心的事。其实，每一种商品都有其不同的涨价原因，但总的来看，主要是受生产成本上涨和天气异常等因素的影响。

不论是何种原因引起的涨价，对于寻常百姓来说，都会导致生活成本的增加；对于相关部门来说，则意味着抗通胀压力的增大。

“豆你玩”之土豆：2011物价上涨的先行者

物价上涨，是寻常百姓既纠结又无奈的事，尤其随着时光的步履跨过2011年的门槛，物价上涨这匹原本就有点放荡不羁的“黑马”，更开始信马由缰，一路飞涨。

据国家统计局发布的数据显示，2011年1月CPI同比上涨4.9%，2月同比上涨4.9%，3月、4月、5月分别同比上涨5.4%、5.3%、5.5%，6月份，CPI更是同比上涨了6.4%。

谁是这轮物价上涨的先行者呢？有人说是房价，有人说是猪肉。事实上，在2011年年初，继“蒜你狠”、“棉花掌”等粉墨登场之后，“豆你玩”之土豆，开始闪亮登上物价上涨的舞台，身价较去年涨了40%。这可能是史上最最金贵的土豆了。

正因为价位一向便宜的土豆突然变得金贵，一时间土豆成了批发商的抢手货。郑州批发市场的土豆，去年0.8元/斤，现在涨到了1.3元/斤，而最好的品种则涨到了1.45元/斤。据说，郑州某土豆批发商已经驻守内蒙古10天了，还没抢购到一车土豆，而往年这位老板一天就能发回郑州三车土豆。

当然，不只是郑州豆贵，在北京最大的批发市场——新发地，往年也就0.6元/斤的土豆，现在也已经涨到了1.3元/斤。

土豆到底涨了多少呢？据业内人士披露：2011年年初，土豆主产区之一内蒙古，土豆批发价普遍涨到了1元/斤。而去年这个时候，土豆的收购价是0.4元/斤，市场零售价为0.7元/斤。相比去年，内蒙古土豆的收购价翻了一番。土豆的收购价翻了一番，其零售价就可想而知了。

在土豆的另一个主产区黑龙江省，土豆的身价也是一路狂飙，在短时间内就由0.6元/斤很快涨到了1.2元/斤。

土豆的批发价都这么贵，等到老百姓的菜篮子里，就不可想象它有多贵了。这也难怪有人调侃说：“再这样下去，土豆的价格就要赶上往年苹果的价格了。”“照这个速度一路涨下去，也许有一天我们连土豆也吃不起了。”

土豆为何变得如此金贵呢？这其中既有种植者囤积不卖的原因，亦有成本增加的原因。

1. 产品囤积

张先生从事土豆收购生意10年有余了，他告诉笔者，每年9月、10月是土豆收购期，但在2010年这个时候，他去内蒙古收购土豆，当地老百姓都捂着不卖，特别是好一点的土豆。张先生认为，当地人囤积不卖造成了土豆的短缺，从而导致土豆价格高涨。由此可见，种植者囤积不卖，是导致土豆价格飞涨的原因之一。

2. 种植成本上升

李先生是内蒙古某地的农民，他种了一千多亩土豆，并在2011年年初一次性卖了个好价钱。李先生认为，土豆种植者之所以主动提高收购价，是由于种植成本的不断上升。比如，他过去雇工人收土豆，从地里挖出送到车上，一天给工人70元左右，现在至少得140元左右。与过去相比，李先生的种植成本涨了一倍，这就必然会导致土豆价格也成倍上涨。否则，李先生就觉得不合算了。

3. 运输成本上涨

提及运输成本，不能不提及汽油、柴油。随着国际石油价格的上升，国内汽油、柴油的价格亦随之不断水涨船高。早在2011年3月19日，国家发展和改革委员会（简称国家发改委）就宣布，自20日零时起将汽油、柴油价格每吨均提高350元，涨幅为4.5%。这是今年第一次上调油价。对于成品油上调，相关专家表示，此次调价幅度其实并未到位，而未来国际油价还将继续往上走。

国内汽油、柴油价格的上涨，势必导致运输成本的上涨。由于土豆收购商将土豆由主产区运到所在地区的运输成本的上涨，必然会使得他们将上涨部分转嫁于土豆购入成本中，从而主动提高土豆价格。据业内人士估算，2011年年初，运输成本与以往相比，至少上涨了30%。

通过以上分析不难发现，产品囤积、种植成本上升、运输成本增加是土豆涨价的主要原因。无论何种原因导致土豆涨价，都会引发下游产品价格的连锁反应。虽然土豆看起来极不起眼，但却与我们的餐桌息息相关。它不仅是老百姓餐桌上的重要菜品，而且是薯片、粉条等产品的重要原料。比如，很多人爱吃的麦当劳的炸薯条，它的原材料就是土豆。

自从土豆价格上涨后，常去麦当劳就餐的年轻人不难发现，炸薯条涨价了；爱逛超市的朋友如果留心观察也会发现，超市里的薯片分量越来越少了。“还会有什么土豆延伸品涨价、瘦身呢？”正在人们忧心忡忡时，土豆价格又悄然开始下跌了，真的像是“豆你玩”。

不管什么原因导致土豆下跌，对于老百姓来说，都是一件让人如释重负、十分开心的好事。要不然，老百姓真要每天都提心吊胆了：土豆是不是有一天真的吃不起了。

食用油“限价令”，能坚守多久？

开门七件事，“柴、米、油、盐、酱、醋、茶”，无论你是寻常百姓还是达官贵人，只要想在明天的太阳升起时还好好地活着，就必须要保证一日三餐，就离不开“柴、米、油、盐、酱、醋、茶”，特别是其中的油。难以想象，如果每天炒菜时不用油来烹调，我们的餐桌会少了多少留齿的芬香味道。

食用油是我们生活不可或缺的调味品与营养品，它的价格稳定与否，一直吸引着老百姓的眼球。但2011年7月中旬，一些小品牌的食用油由于开工率降低至40%，开始悄然涨价。而中粮、金龙鱼等巨头企业暂未涨价。

为何中粮、金龙鱼没有涨价呢？据说国家发改委于2010年年底对食用油生产企业颁布了“限价令”，而中粮、金龙鱼都在限价名单之列，因而要严格执行“限价令”。但它们也像其他榨油企业一样，早已失守盈亏平衡点，变成了“榨得多亏得多”。在这种情况下，“限价令”又能坚守多久呢？不少人为此忧心忡忡，并拭目以待。

2011年8月，国家发改委于去年下发的“限价令”终于到期了。摆脱了“限价令”桎梏的榨油企业，是否会开始“让油价飞”呢？

果不其然，益海嘉里旗下的金龙鱼品牌，以获得发改委的批准为由，宣布食用油涨价5%左右。随后，其他品牌的食用油也开始悄然涨价。一些媒体记者进行走访后发现，某些知名品牌的食用油的涨价消息属实，但未来几个月食用油价格大幅上涨的可能性不大。比如，金龙鱼自2011年8月3日起，金龙鱼大豆油每箱（5升×4桶，下同）220元，上调10元；福临门大豆油每箱212元，上调10元；汇福大豆油每箱206元，上调8元；金龙鱼调和油每箱240元，上调8元。

2011年8月4日，江苏盐城区的乐天玛特超市对食用油价格进行了调整，上调了鲁花品牌所有规格的食用油价格，涨幅在20%左右。其中5升桶装油每桶上涨20元，2.5升桶装油每桶上涨10元，比较畅销的5升装5S鲁花压榨一级花生油由原来的每桶109.9元上涨到129.9元，上涨了18.2%。

在金龙鱼公开宣布调价之后，一家网络媒体竟然报道了这样一则信息：发改委出面表示，并未接到金龙鱼的涨价申请。食用油属于市场调节价商品，由企业自主定价，并无“限价令”一说，更谈不上批准涨价申请。

发改委到底有没有下过“限价令”？有没有约谈过一些知名品牌的榨油企业呢？不管是否约谈过，不管是否有“限价令”，我们老百姓要面对的现实是，金龙鱼涨价了。

不过，相关专家认为，近期食用油上涨的力量不会太强。之所以会这样说，是基于以下几大原因：

1. 需求拉动力量很小

通常情况下，8月份是食用油消费市场的淡季，需求拉动力量很小。因而，食用油价大幅上涨的可能性较小。

2. 供大于求

从目前市场情况来看，供给大于需求。因为国家食用油储备比较充裕，至少在100万吨左右。

3. 国际食用油价格低迷

通常，国内食用油价格最易受国际食用油价格的影响，而近期国际食用油价格低迷。因而，我国未来几个月食用油会以促销为主，大幅上涨的可能性小之又小。

虽然专家预期近期食用油价格上涨的幅度不是很大，但此次金龙鱼的涨价引发了行业内新一轮涨价潮的争议与老百姓的非议，并成为了公众关注的焦点。

当一些人正热衷于把油价上涨当作饭后茶余的谈资时，一些精明的家庭主妇们却开始悄然抢购食用油了。

2011年8月的某一天，在一家公司做文员的田小丽下班后直接来到了单位附近的沃尔玛超市，因为家里的洗发水用完了，她要去超市买洗发水。挑完洗发水在收款台前排队付钱时，她看到一位大妈买了5桶食用油。

“大妈，怎么一次买这么多油？是不是油要涨价了？”田小丽好奇地问。

“听别人说要涨，不知真的假的，反正多买几桶没什么坏处，油一时半会也放不坏……我一个邻居买了7桶呢！”

听大妈这样说，田小丽也有些心动了，转身跑去超市的食用油专柜，拎了2桶油回到收款台前……

没想到的是，回到家，田小丽老公却说她是多此一举！田小丽真的是多此一举吗？

笔者认为，田小丽的购油行为绝非多此一举，而是精明的表现。因为食用油继续上涨的可能性还是存在的，原因有两点：一是当前油脂市场需求趋旺，因为“中秋”、“国庆”双节的备货期提振了终端消费；二是食用油市场暂时已经摆脱了“限价令”的束缚，在国际农产品价格上涨的档口，油脂企业不借机上调销售价格，又更待何时呢？于是，食用油就涨了起来。

楼市"限购令"、"限价令"，为何成了涨价令？

如果说近几年有什么电视剧让人铭心刻骨的话，那不能不提及《蜗居》。电视剧《蜗居》仿佛一夜间红遍了千家万户，尽管业内人士对它的评价不高，说它的很多场景与台词很粗俗，缺乏修饰艺术美，可它还是一时间成了很多人的谈资。

这部电视剧为何能引起众多人的万千感慨呢？主要是因为它涉及了社会热点：近些年房价的疯涨问题。

近年来，一些大中城市的房价确实涨得有些离谱。北京大兴区2006年的房价大概是3000元/平方米，五年时间过去了，现在的房价均在每平方米13000元左右。

高房价让很多想买房子的工薪阶层只能望房止渴。无奈之下，网友们开始调侃，并由此诞生了一些网络歌词，其中流行最广的是：

老公老婆有工作，如今工作八年多。老公说"先买房"，按揭买房；老婆说"先买车"，贷款买车。最后什么都没买。为何呢？当然是没钱买。

这首歌是现实生活中很多年轻夫妻的生动写照：没房子的小两口拼命工作、做兼职，要攒钱买房，但等首付攒得差不多了，房价又涨了。

可见，寻常百姓再怎么打拼，都打拼不过房价上涨的速度。

事实上，不仅是老百姓，国家相关部门也感到房价上涨后压力较大，就出台了房屋限购政策。对此，老百姓拍手称快，都希望房价能降下来。房价真的降下来了吗？

“限购令”颁布大半年后，北京、上海等大城市的房价高涨趋势确实有所遏制。据北京市房协公布的数字显示，2011年1～7月北京新建普通住房成交均价为13623元/平方米，比去年全年均价（14847元/平方米，即今年北京房价的控制目标）下降了8.2%。

但是，在大城市高房价有所遏制的同时，二三线城市，诸如南昌、乌鲁木齐、长沙等地的房价依然蹭蹭上涨，2011年6月份同比涨幅均超过8%，成为了领涨全国楼市的主力军。

2011年7月12日，国务院常务会议如期召开。会议指出，对于限购政策要从严执行，房价上涨较快的二三线城市也要执行限购政策。

让人大跌眼镜的是，在中华人民共和国住房和城乡建设部（简称住建部）新一轮的二三线城市限购名单公布前，一些城市的开发商就收到了当地房管局发出的“限价令”。其中，河北省某三线城市房管局发出的房价控制目标参考性建议为：新建普通商品住房价格最高不得高于9000元/平方米。

此“限价令”可以说是一石激起千层浪，引发了很多网友的质疑：赶在“限购令”扩大城市名单发布之前发布“限价令”，这是否在规避或躲避“限购令”？如果真的如网友所言的话，那么这无疑是与“限购令”玩“躲猫猫”！而此举无疑会成为楼市“限价令”变“涨价令”的推手。

在一些网友质疑相关部门“限价令”的同时，也有一些网友认为，“限价令”是抑制投资投机购房的无奈之举，就像中国的计划生育政策一样。而之所以如此，都是僧多粥少惹的祸！

还有网友认为，只有实行“限价令”和“限购令”的双举措，才有

可能使房价有效降低。否则，不管租房还是买房，房价都会持续走高。其中最伤不起的依然是寻常百姓，不管是想买房子的人，还是租房族。

最让租房族无奈的是，限购政策出台后，很多原本急于买房子的人处于观望状态，或加入了租房族的行列，这直接导致租房价格一路高歌。国家统计局公布的7月份房地产市场运行情况的数据表明，7月份全国CPI同比上涨6.5%，其中房租成了推高CPI的重要推手。

房租是如何上涨的呢？据国家统计局的相关数据显示，2011年7月份全国房租同比涨幅4%，虽然相比6月份同比涨幅5.9%的数据来说，同比涨幅已经趋缓，但是房租在高点上仍然有较大的涨幅。

“要这么涨下去，房子也要租不起了。”对于房租的上涨，在北京漂了8年的刘女士很是无奈。刘女士是一家图书公司的编辑。三年前，公司由大兴搬到了东直门，她也只好跟着公司搬家，在东直门附近找房子。不久，她找到一个小两居，房租每月2200，并将其中的一间租了出去。可今年，房东一下将房租涨到了每月3800，她不得不考虑搬家。

“除了工资，什么都涨！再这样下去，北京真的待不下去了！”

事实上，在北京，像刘女士这样的人很多，他们工资不高，房子买不起，只能租房子。但没想到的是，房租也涨得越来越离谱。

“怎么办？”高额的房租让包括刘女士在内的诸多租房族越来越无奈、越来越迷茫。

如果你是刘女士，你将怎么办呢?

或许，很多人会选择逃离。

成品油价格，为何涨快跌慢？

据国内一家媒体报道，我国2011年上半年粮食、油、鲜菜、蛋、烟酒等多种物品出现价格上涨。而这其中的“油”，不仅仅包括食用油，也包括柴油、汽油。

柴油、汽油是何时涨起来的呢？事实上，受国际油价的影响，我国近几年的油价一直是涨了又涨，仅2011年上半年油价就涨了两次。

2011年3月，汽油、柴油价格每吨均提高350元，涨幅为4.5%。这是2011年国家发改委宣布的第一次上调油价。

如果说20年前汽油或柴油涨价不会引发太多的关注，但当时间的车轮行驶至2011年时，汽油或柴油涨价就会引起轩然大波了。

为什么呢？当然是因为现在很多家庭都买了私家车，很多人出行是以车代步。因而，一听说油涨价，很多人都会瞪大眼睛，口吐怨言：“怎么又涨了？”

但抱怨是没有用的，与其抱怨，不如思考如何应对。一些精明的用油者此时已有了主意，那就是去“抢”油。

由于国家发改委3月19日宣布，自20日零时起油价上调，于是很多“有车族”就抢在了20日零时前去加油。结果就导致一些加油站出现了

截然相反的两种局面：20日零时前，加油车成倍增长，一直熙熙攘攘，而零点后，如曲终散尽，格外冷清。

19日晚上，世界上最忙的人怕是加油站的工作人员了吧。一位加油站工作人员向记者介绍："听说要涨价，来这里加油的人都要求把油箱加满。"

据一个参与"抢"油的朋友说，大家一边排队"抢"油，一边抱怨"为什么油价总是涨？再这么涨下去，连车都不敢开了，以后上班改坐公交算了。"

"以后上班改坐公交？"怕是大部分习惯了开车的人会不适应吧。但不管你以后采取什么方式上班，油价是涨了上去。

当人们还没有从这轮油价上涨而产生的忧虑情绪中缓过劲来，新一轮的油价又开始上涨了。腾讯财经4月6日晚间消息称，国家发改委对外宣布调整国内成品油价格，汽油每吨上调500元，柴油每吨上调400元。约合汽油0.37元/升，柴油0.34元/升。

"哎，油价又涨了！"

"怎么油价又涨了？"

对于油价的不断上涨，很多人叹息不已。但中国能源经济研究中心主任林伯强却认为，这次油价上调对实际的CPI影响并不大。

也有经济学家认为，油价上涨必然会导致一系列连锁反应。比如油价上涨会导致运输成本增加，进而使得蔬菜涨价，间接导致老百姓的生活成本加大，影响城市居民的日常消费；油价上涨还可能会影响到一些行业的销售情况，如汽车市场。

李先生是北京一家公司的销售员，他早就想买一辆车了，可听到油涨价的消息，他有些犹豫不决了："是买还是不买呢？如果买，也要多考虑车辆的类型和排量，最好选择小排量汽车。"

张先生是北京一家汽车4S店的销售员，他说自己今年的销售业绩比往年差远了，除了受买车要摇号这一因素的影响之外，油价上涨也是一大因素。他认为，油价上涨肯定会潜移默化地影响那些想买车人的心理，特别是那些收入几千元的白领，他们会非常在意车辆的使用成本，会青睐那些更省油的车型。

对于“打车族”来说，感触最深的就是油价上涨后，出租车的车费涨了不少。而据相关媒体报道，自2011年4月份以来，北京、上海、深圳、大连等地先后以增加燃油附加费、上调起步价等方式提高出租车运价，并由此掀起一轮出租车涨价潮。

3月20日至4月6日期间，油价竟然涨了两次，用一路狂飙来形容应该是没有夸大其词。而对于很多私家车主来说，尽管油价涨了又涨，但还是抱着一丝希望：希望有一天油价能降下来。

随着标普调低美国债券评级事件引发的恐慌将油价推入暴跌深渊，8月9日纽约原油期货收盘价跌破每桶80美元，近期的最大跌幅已经超过20%，这一天似乎要到来了。于是，人们拭目以待。可惜的是，都等到了月底，依然没有油降价的消息传来。到头来只是更多的叹息：国际油价暴跌，国内油价为何这么难降下来呢?

对于国内成品油涨快跌慢的趋势，相关部门是这样回应的：按照国家发改委的规定，只有当国内油价调整参考的国际市场三种原油的变化率涨跌超过4%，且距上次调价22个工作日才会考虑对成品油调价。而国际市场上的这三种原油的平均价格跌幅，暂时没有达到4%的边界条件。

相关专家认为，是成品油定价机制本身有问题，22天和4%的必要条件不能完全反映目前国际市场的真实行情。我国现行成品油定价机制的诸多弊端，再次遭受拷问。

但不管是什么原因导致油价很难下降，时间的车轮依然会滚滚向前，寻常百姓的日子依然会按部就班地过下去。因而，对于老百姓来说，聪明的做法是保持应有的淡定。

可喜的是，到了9月份，作为成品油零售价调整的风向标，成品油批发市场近日已现异动。如山东地炼汽柴油价格出现下滑，地炼93号汽

油出厂均价下跌了31元/吨，至8592元/吨；成都中石油93号汽油价格也下跌了50元/吨，至9600元/吨。

对于热盼油价下降的有车一族来说，这无疑是一场毛毛雨。但这毛毛雨背后的某种信号，说明油价下调的日子就像冬天后的春天一样，应该不远了吧！

在油价下调前，如果你的经济承受能力有限的话，还是能省则省吧！

高端白酒，是不是涨疯了?

“五花马，千金裘，呼儿将出换美酒，与尔同销万古愁。”这是唐朝诗人李白的名篇《将进酒》中最脍炙人口的一句。

李白是著名的大诗人，也是爱酒之人，只不过如果他生活在21世纪的今天，还能否如此洒脱地对酒当歌，高叹人生几何呢？因为21世纪，或者说2011年上半年的残酷现实是“什么都涨”，当然也包括他的最爱——白酒。

高端白酒在涨价狂潮中一马当先，当仁不让的是国酒茅台。早在2010年12月16日，作为高端白酒“老大”的茅台就宣布，自2011年1月1日起上调产品出厂价20%左右。不约而同的是，五粮液也宣布在同一时间对两款主力产品各提价100元。

两款高端白酒同时涨价，是巧合还是预谋？但不管怎么样，高端白酒是涨价了，而且还涨得迅猛异常，有的甚至上涨了400～500元。

据某媒体报道，近日，在广州各区的一些烟酒及茅台专卖店内，53度飞天茅台的价格已涨至1480～1788元之间，较今年年初规定的959元的“限价令”已涨逾八成，而较2010年年初的终端售价750元，则已经上涨了138%，其涨幅非常雷人。

至此，有人会说，高端白酒爱怎么涨怎么涨，反正普通老百姓不怎么常喝。

从表面上看，确实如此，高端白酒是寻常百姓不怎么消费的商品，似乎不会给老百姓的生活带来多大影响，但事实真的如此吗？

所谓城门失火，殃及池鱼，物价上涨也是如此。因为高端白酒涨价会引发行业的连锁反应，甚至会引发行业价格的重新洗牌，更何况由于现在的生活水平提高了，在节假日或家中有贵客光临时，很多人还是喜欢用高端白酒待客的。

继高端白酒茅台、五粮液之后，先后涨价的还有古井贡酒、山西汾酒。古井贡酒主力产品的上调幅度在3%～25%，山西汾酒的青花汾酒系列产品提价在10%～20%。这或许就是高端白酒涨价的连锁反应吧！

高端白酒为何“集体涨价”呢？涨幅为何如此之大呢？有人把此归罪于公款吃喝，认为公款吃喝拉动了高端白酒价格的不断上涨。更有人说，公款吃喝是高端白酒牛气十足的幕后推手。

事实上，公款吃喝只是引发高端白酒涨价的原因之一。其他原因是什么呢？当然有很多，如通货膨胀，粮食、燃料、人工工资上涨等。现在，让我们来看一下业内人士的具体分析：

1. 受物价通胀的影响

今年物价普遍上涨，如一些农产品价格不断上调，从而导致白酒价格上涨，这是主要原因。但据7月份商务部、农业部、新华社等机构最新发布的监测数据显示，多数农产品价格是小幅上涨，涨幅较前期有趋缓的迹象。

2. 受节日因素的影响

每到节日，传统意义上的“送礼”时节会增加需求，这也会导致白酒价格上升。

3. 受相关政策的影响

据中国酿酒工业协会秘书长王琦透露，中国酿酒产业“十二五”规划审定会对白酒产量提出了“尽量控制，原则上要控制在10%左右”的要求，但2011年1～6月份已经达到20%多。如此控制法只能导致未来白酒的产量减少，而物以稀为贵，迫使白酒涨价或攀贵。

4. 受囤货的影响

业内人士认为，有人大量囤货，是导致高端白酒价格上升的一个主要原因，而并不是由于需求旺盛所致。如一级经销商见厂家控货，便跟着囤一些。低一级的经销商、分销商、零售商如果也像一级经销商那样做，其后果就是市面上的货源越来越紧张，价格也随之走高。

5. 受收藏的影响

现在很多人开始收藏高档白酒，特别是蒸馏过的超过52度以上的高度酒。为何要收藏这类白酒呢？首先因为它不易变质易保存；再就是此类白酒保存的年数越久，价值越高。

综上所述，可见高端白酒涨价的原因比我们猜测的要复杂得多。从前研究白酒的涨价原因是专家们乐此不疲的事情，现在亦成了很多老百姓关注的热点之一。当然，相比涨价原因，老百姓更关心的是涨上的价格能否降下来。

到底高端白酒涨上去的价格能否降下来呢？怕是很难。因为随着酷热的日子渐行渐远，中秋节的脚步声越来越近。业内人士分析，高端白酒市场的“涨”声又会响起来。

果不其然，2011年8月30日晚，五粮液突然发布公告称：“公司决定自9月10日起对‘五粮液’酒产品出厂供货价格进行适当调整，上调幅度约为20%～30%。本次价格调整将对公司2011年经营业绩产生积极影响。”此消息一出，业内人士预计原本已近900元的高度五粮液零售价格可能“破千”。

之后，当笔者走进一些烟酒行，发现所有五粮液的零售价格大大超越限价，而52度五粮液的售价也飙上千元。用时下网友的话来说，就是“白酒”疯了。

看来2011年中秋节，对于那些想拿高档白酒送礼的人来说，钱包又要大瘦身了；而对于那些想喝点好酒的中高收入者来说，就算贵也喝点吧，毕竟过节呢，人生能有几回“奢”。但要提醒各位“酒仙”的是，高档白酒虽好，但一定要适量，否则既伤身，又浪费钱。

天价猪肉不是天方夜谭

“今年的物价越来越高，什么都涨价。”这是普通老百姓对2011年上半年CPI的最直观认识。而在一路狂飙的涨价潮中，哪种商品的涨价最吸引人们的眼球呢？相信除了猪肉，还是猪肉。

北京某区的陈大妈今年65岁，退休之后一直负责家中的“后勤”工作。每天早晨起床后，她要做的头等大事就是去买菜。最近，她发现猪肉涨得太快了，几乎是一天一个价。一天涨几毛，不到一周的时间竟然涨了好几块钱。前些天才9块钱一斤的猪肉现在竟然变成了15元/斤，而卖肉的人告诉他，还有可能再涨呢。

“猪肉涨得太快了，按这么个涨法，真的要吃不起了！”陈大妈如是说。其实不只陈大妈，很多家庭主妇都有类似的感受。

李华是北京一家广告公司的设计师，每月收入5000元左右。以前她家每周最少吃三次红烧肉，但最近很少吃了。她说：“我经常去超市买肉，图的是干净、放心，可超市的肉价涨得太多了。猪后臀的价格是每斤15.5元，前腿肉是每斤14.9元，五花肉的价格要便宜一些，每斤13.88元。”

猪肉涨价了，并且涨的不只是北京一个地方。

华女士家住深圳。以前每到周六她都会去离家不远的国贸天虹超市买四五斤猪肉，但最近她每次去买肉，都只买一小块。当然是因为“肉价太高了”。据业内人士介绍，深圳市平均每天要消费生猪两万头，从2011年4月份开始，深圳猪肉价格开始快速上涨，6月中旬到月底半个月时间里，竟然涨了五次价，几乎每两天涨一次价。

猪肉涨了又涨，最高涨幅是多少呢？据业内人士介绍，自2011年4月下旬以来，猪肉价格确实是一路高歌猛进，到5月中旬，生猪价格和猪肉价格同比涨幅达到50%左右。而据新华社全国农副产品与农资价格行情系统监测，5月15日～5月21日一周，全国生猪周收购均价、白条猪周出厂均价每斤分别为7.76元、9.90元，同比涨幅为55.8%、50.2%。

到6月份时，仅一个月的时间，猪肉价格就上涨了57.1%，据说此价格已经超过了2008年的历史高价。在北京新发地批发市场，6月份猪肉最高价为25元/公斤。从涨幅走势上可以看出，新发地猪肉价格的上涨是从4月15日开始，一直上涨到6月下旬，这两个月的涨幅最大。

其实，价格大涨的不只是猪肉，连猪肚、猪肝等也跟着水涨船高，如原来5元左右一斤的猪肝，一下子涨到了10元。猪肉飞涨既增加了老百姓的生活成本，又拉高了CPI。据相关媒体报道，2011年6月CPI同比上涨6.4%，创下三年来新高，其中猪肉价格上涨57.1%，影响CPI上涨约1.37个百分点，成为了CPI破六的最主要推手。

2011年7月份的猪肉价格是否有所回落呢？非也！据商务部相关数据显示，7月11日～17日当周，全国鲜猪肉批发价格已达到每公斤26.15元新高，再次刷新了2004年以来的纪录。

2011年猪肉价格为何会一路狂奔至高点呢？这是炒作还是另有其他原因？

业内人士认为，猪肉价格上涨并非人为炒作，而是各种因素的综合作用促使生猪价格在高位运行，比如养猪成本增加、“瘦肉精”事件和南方疫情等。现具体分析如下：

1. 养猪成本上涨

一头子猪（刚出生的小猪，一直长到30公斤左右，都称为子猪）养到出栏，再到菜市场或超市，需要饲料、人工喂养费等各种各样的成本。随着各种成本的不断上涨，猪肉价格肯定会走高。而2011年年初，作为主要猪饲料的玉米，其批发价从每吨2000元上涨到2600元，工人工资也涨到了1600元/月。

据业内人士介绍，今年年初，一头子猪的价格在200元左右，而现在子猪的价格攀涨到了500元左右，仅购买一头子猪就要多花300元，再加上工人工资的增加，很大程度上提升了养殖户的养殖成本。

除了购买子猪、购买饲料、人工喂养费，猪肉成本还包括屠宰费、运输费、保存费等，任何一项成本的增加，都会导致猪肉价格上涨。

2. 受周期性循环的影响

大凡养猪的人都知道，生猪价格波动具有周期性特征，而这正是此次猪肉价格上涨的主要推手。生猪价格是如何受周期性特征影响的呢？这就要从子猪说起。

通常，从子猪养到成猪出栏时间约为5个月，而从母猪怀孕到子猪销售大概需要1年时间。这就是说，生猪的生产周期约为一年半左右。在这个生产周期内，如果猪肉价格较高，饲养者就会多买种猪，反之，就会少买。这就直接导致了实际的供求关系再次失衡。

简单来说，生猪价格是这样受周期性特征影响的：猪肉价格大涨——母猪存栏量大增——生猪供应量剧增——肉价下跌——养殖户大量淘汰母猪——生猪供应量减少——肉价再次上涨……因而，有业内人士认为，目前的猪肉价格上涨符合“猪周期”的传统规律。

3. 意外因素的影响

众所周知，今年双汇集团的“瘦肉精”事件曾轰动一时。之后，整个生猪行业经过整顿，外地猪输入量减少，导致市场上货源紧张，供求关系失衡，抬高了猪肉价格。可以说，“瘦肉精”事件在无形中对猪肉

价格的上涨起了推波助澜的作用。

与此同时，其他意外因素的出现也会导致猪肉价格上涨。比如去年冬天南方冰冻天气较长，南方很多母猪和子猪被冻死，这在一定程度上也引起了猪肉价格的攀升；又如今年年初疫情频繁，不仅有三次口蹄疫，还发生了流行性腹泻，这直接导致猪场存栏量减少，间接导致猪肉价格飞涨。

此外，也有业内人士把猪肉价格飞涨归结为国内饲养行业产业化程度低。国内饲养业的现状是：生猪散养比例较大，占全部生猪饲养的52%左右，规模化饲养仅占48%左右。这一现状使得整个行业抵御风浪的能力较低。

由以上可见，是多种因素相互叠加造成老百姓餐桌上不可或缺的猪肉身价倍增，几近天价。猪肉金贵了，关注的人也多了。据说2011年7月12日，“猪先生”再次成为了国务院常务会议上讨论的主角。所有人都希望经过一番讨论后，国家相关部门能出台有效的措施，遏制住“猪先生”撒欢似的上涨趋势。

在猪肉价格下跌之前，如果你觉得自己钱包里的钱有限的话，可以量力而吃，如别人天天吃，你可以一周吃两次或三次。但千万不要因为心痛钱而舍不得吃猪肉，从此猪肉不上桌。要知道，身体是革命的本钱，与金钱相比，健康才是最重要的。

京城鱼贵，老百姓还吃得起鱼吗?

猪肉涨得太多了，牛羊肉也跟着涨价了，那我们吃什么好呢？很多人会说吃鱼吧！聪明的刘小琪也打起了这样的如意算盘，并于周末起了个大早，去菜市场买鱼。

一个小时之后，刘小琪回来了，但老公却发现她手中只拎了一条一斤左右的鱼。

“怎么买了条这么小的，这哪够吃啊！”

“我想买条大的，可没想到鱼也涨了，原来6元一斤的鱼，现在你猜多少钱？”

“7元？”

“不，9元呢。”

“啊？鱼也涨了这么多？”

“是啊，所以我就买了块豆腐，豆腐与鱼一起煮吧！”

“也行，鱼涨价了就这样对付着吃吧！”

鱼涨价了，你如何吃呢？还敢买鱼吃吗?

因为鱼价涨得不是很多，所以对于老百姓来说，鱼价还可以接受。但也有人认为，鱼的价格并没有少涨，只是涨幅明显没有猪肉大而已。

鱼到底涨了多少呢？

据一家地方媒体报道，当地的鲫鱼和鲤鱼都从原来的每斤5元左右涨到了7.5元左右，青鱼从原来的5元/斤涨到5.5元/斤。根据相关部门的统计数据显示，自年初以来鲤鱼、鲢鱼、草鱼、鲫鱼的价格涨幅分别为23%、20%、10%、25%。

前不久，笔者在山东济南一家农贸市场了解到，目前市场上常见的淡水鱼，如鲤鱼、鲫鱼、草鱼、黑鱼、鲶鱼等，无一例外都涨价了，其中鲤鱼和鲫鱼的涨幅最猛。以相关媒体于每周定点调查的五家农贸市场为例，某农贸市场4月18日上报的统计表格上，鲤鱼、鲫鱼每斤售价都是6元，但到了6月20日的统计表，价格就分别涨到了9元和8元。两个月之间，鲤鱼涨价50%，鲫鱼的涨幅超过30%。

鱼为何涨价呢？

王大婶是北京某中学的退休老师，也是菜市场的老主顾。出生于湖北汉口的她，十分喜欢吃鱼。平时总是隔三差五地买鱼，一年四季她家餐桌上都少不了鱼这道美味佳肴。她认为，鱼之所以涨价，主要是受猪肉价格上涨的影响，鱼贩子为多赚钱而抬高了价格。

事实真的如此吗？非也！

张先生是北京某水产品市场的一个批发商，他认为鱼涨价主要是受养殖周期的影响。比如淡水鱼养殖一般是春季投放鱼苗，等到入秋后，成鱼才能上市，而现在鱼塘里的成鱼数量越来越少，供应市场的量减少，鱼的价格自然要贵一些。

鱼到底为什么涨价？又是受什么因素影响呢？

相关专家认为，鱼、虾等水产品涨价，主要是由于天气异常，生产力失衡导致的。现在，让我们看一下业内人士的分析。业内人士认为，受南方旱涝天气和养殖成本增加等因素影响，淡水鱼供应量下降，从而导致淡水鱼价格上涨。具体分析如下：

1. 受自然灾害影响

作为我国传统“鱼米之乡”的湖北、湖南、江西等地，是鱼的主要生产区。2011年，这些地区先是遭受严重的旱情，不久又遭遇涝灾，旱涝灾害使得其产鱼量大幅下降。那么到底下降了多少呢？

据农业部的统计数字显示，江苏、安徽、江西、湖北和湖南五省受旱养殖面积1396万亩，损失成鱼和鱼种77.4万吨、水产苗种311.5亿尾；6月份旱涝急转导致渔业生产再次受灾，湖北、湖南等9省（区）受涝养殖面积约325万亩，损失水产品约28万吨。这必然导致市场上鱼价上涨。

2. 受成本上涨影响

有业内人士认为，近期淡水鱼涨价确实与养殖成本上涨有直接关系。自2011年3月开始，鱼粉、豆粕都涨价了，养鱼成本明显增加了。比如，与去年同期相比，同一品牌、同等品级的饲料，每吨上涨了两三百元。再加上工人工资也增加了，原来每月1000～1200元的人工费，今年要1700～1800元。因而，鱼的出塘价比前几年高多了。此外，油价上涨之后，交通运输成本加大，这也会直接导致淡水鱼价格上涨。

对于鱼、虾等水产品上涨的原因，业内人士还有一种观点，那就是受各主产区的生产能力不均衡的影响，并预言下半年的水产品总体价格还有可能会上涨。

鱼还会上涨吗？这很难说。不过，对于寻常百姓来说，最希望的是鱼一直保持这个价格，或者有所下降。否则，也会有很多人惊呼：“连鱼也吃不起了！”

家住北京大兴的赵先生，是地地道道的北方人，所以并不像南方人那样爱吃鱼，他的最爱是肉。可最近老婆总是隔三差五地买鱼。对此，他心中十分不解：“没过节，为何要买鱼吃呢？”

对此，他老婆理直气壮地回应道：“现在什么肉都贵，只有鱼价相对便宜一点，不吃鱼吃什么！”

听老婆这样说，赵先生无语了。不过，他倒是有些担忧："如果哪一天鱼也像猪肉一样飞涨，自己家的餐桌上会成为什么样子呢？老百姓还吃得起鱼吗？"

近日笔者登陆某育儿网站查资料，竟然发现这样一个帖子。帖子是一位女士发的，说现在的猪肉太贵，自己为了省钱，天天买鱼吃。可某天女儿却对她说："妈妈，再让我吃鱼，我就要跳楼不活了！除非你给我买猪肉吃！"遇到这么个人小鬼大、特有主见的女儿，相信那位妈妈肯定非常头痛、纠结。

但如果深究原因，怕还是鱼肉、猪肉涨价惹的祸吧！谁叫猪肉价涨得这么高，而鱼肉相对而言涨得要少很多呢？

不过，大多数人还是在心里祈祷："鱼肉啊，千万可别再涨了。"因为很多人已经吃不起猪肉了，对于牛肉更是望肉止渴，如果再吃不上鱼，我们又如何保证身体的营养呢？

史上最牛油饼价格的背后

一起床，赵丽就匆忙梳洗了一下，准备下楼去小区附近的早点摊买早点。

“老公，今天早晨想吃什么？”临下楼前，她问正在洗脸的老公。

“油饼、豆浆吧！豆浆可是儿子的最爱了！”

赵丽所住小区的楼下有好几家早点摊，她经常去离家最近的那家早点摊买早点。

“老板，来三杯豆浆、三个油饼！”

“好嘞，一共9元！”

“9元？一个油饼1元、一杯豆浆1元，怎么是9元呢？涨钱了？”

“是啊，现在油饼1.5元一个、豆浆1.5元一杯！”

“什么油饼1.5元一个？怎么什么都涨啊！”

“油钱涨、面粉涨，房租也涨，你说，如果油饼不涨钱，我们怎么生活呢！”

“面粉、油、鸡蛋乃至青菜全都涨价了，做早点本来就赚不了多少钱，能不涨吗？”旁边另一家做鸡蛋灌饼的摊主也冲赵丽抱怨道。

“哎，这倒也是啊！”赵丽嘴上与早点摊主聊着天，可心里别扭极

了："这油饼涨得也太快了，真的是自己吃过的最牛价格的油饼了。看来这早点，以后还是少来外面吃！"

赵丽一边叹息着，一边向家走。路上遇到楼上的张大妈，也拎着早点回来了。

"小赵，买早点去了啊？"

"是啊！张大妈，您又给张大爷买玉米面贴饼子去了！"

"是啊，可是你看这饼子多小啊，一个比原来小了1/3。原来你张大爷吃两个就够了，现在得买三个！这不是变相涨价吗？哎，听说不只是肉包子涨，什么豆腐脑、油条、豆浆，最近都集体涨价了，而且涨幅还不小呢，一涨就是一半甚至更高。"

"是啊，这不，我今天早上买的油饼与豆浆也涨价了，都涨到了1.5元。与原来的1元一个、1元一杯相比，上涨50%，太厉害了……这是我从小到大吃过的价格最高的油饼与豆浆了……再涨下去，真的不能在外面吃了，还是自己做早点得了！"

"现在真是'豆浆提价，饼子缩水'。早点越来越贵，所以我最近很少买早点了，能省就省点吧……可我就是不明白，早点怎么会涨这么多呢？"

"是啊，我也纳闷呢。"

早点为何会涨这么多？虽然赵丽与张大妈百思不得其解，但做早点的摊主们心里都跟明镜似的，清楚到底咋回事。

小刘开了一家早点铺，对于涨价，他表现得十分无奈："人工、房租、原材料都在涨，早点不涨怎么办？只能涨！不管是油饼与豆浆，都从1元/份涨到了1.5元/份！"

对于早点涨价，一些经营者可以说是绞尽脑汁来应对。而相关人士分析认为，早点涨价幅度大，与市面上流通的角币较少有关。对于售价较低的早点，一下就涨五毛，涨幅的确显得惊人。但总体来看，主要还是与生产成本上涨有关。具体分析如下：

1. 肉价上涨

这对肉包子的价格影响较大。比如五花肉原来9元/斤，现在涨到十四五元一斤了，卖包子的摊主如果继续按照每个0.5元的价格来卖，基本上是赚不到钱的，所以他们要么将包子缩水，要么对价格做出调整。相对于肉包子来说，素包子的价格变化不大。除了猪肉上涨外，面粉价格提升，也是导致包子涨钱的原因之一。

2. 房租或场地费用提高

做早点生意，当然需要租房子或租场地。近几年来，房租和场地费用一直在不断上涨，这必然导致摊主的经营成本上涨。因而，在北京大兴一些小区的很多早点，如小笼包、馄饨，都有了不同程度的提价。小笼包由先前的3元/笼调整成了4元/笼，馄饨由原来的1.5元/碗涨成了每碗2元或3元。

3. 人工费用上涨

去年或前年请一个早点杂工每月付1000元左右的薪水就可以了，现在，1000元左右的月工资基本上请不到人了。由于人工成本增加，很多早点摊主就不得不上调早点的价格了。

民以食为天，人人都需要吃早点，早点成为了人们生活中不可或缺的一个商品，它的丝毫变化都可以说牵一发而动全身，直接影响着老百姓的生活成本。

面对早点的涨价，我们应该如何应对呢？最好、最直接的应对之道当然是自己少睡会儿懒觉，在家做着吃了。不管怎么说，对于靠工资本过日子的普通家庭来说，离不开精打细算，毕竟过日子是细水长流嘛！

多款消费品"瘦身"为哪般?

今年30岁的林女士在北京一家外资企业上班，算得上是名副其实的"白骨精"（白领、骨干、精英的简称）。由于平时工作比较忙，她很少有时间逛街，衣服什么的都在淘宝网上买，但家里的日用品，她则坚持到超市买，因为怕在网上买到假货。

今天是周六，林女士发现儿子东东爱喝的牛奶没有了，而家里的洗发水也快用完了，于是叫上老公，一家三口去了小区附近的沃尔玛超市。

"妈妈，妈妈，爸爸说可乐变小了！"东东像发现新大陆似的叫着。

林女士正在看其他饮料，听儿子这么一叫，马上拿起罐装的可口可乐和百事可乐来看。果然，净含量都从先前的355毫升减至了330毫升，确实变小了。

"妈妈，可乐为什么变小了呢？"爱喝可乐的东东歪着小脑袋问妈妈。

"变小了，就是变着法子涨价，这样商家就能多赚钱了！"

"哦，原来如此。"听完妈妈的回答后，活泼好动的东东又跑着去看其他商品了。东东今年6岁，正是好奇心强的时候，见到什么都想看看、摸摸……

“好想变回东东那个年纪，多好，什么都不用想，什么都不用愁！”看着儿子天真无忧的样子，林女士对老公说。

“有什么可愁的？”

“怎么不愁？你看物价可劲地涨，我记得从3月下旬开始，先是方便面、饼干、日化用品领衔提价，现在可乐又涨了！”

“我在网上看新闻，好像发改委先后约谈了国内多家方便面、啤酒企业高层，不是有些企业已经宣布暂缓涨价了吗？”

“暂缓涨价不等于不涨价，当然也不排除变相涨价，比如可乐的‘瘦身’。我昨天跟同事聊天，她家女儿最爱吃薯片，可她前几天去超市，发现百事旗下的乐事罐装系列薯片每罐净重从原来的120克减至了110克；卡夫旗下的奥利奥缤纷双果味饼干单盒规格从118克减至了106克。最让她纠结的是，欧莱雅清润保湿爽肤水也从200毫升减至了175毫升……这不都是变相涨价吗？”

“但商家涨价，我们也没办法，只能‘被涨’吧！除非封口不吃，但这可能吗？”

如果你经常逛超市，就会发现，以“瘦身”方式变相涨价的不只可乐，还有其他一些品牌的饮料或乳品。

康师傅对C系列饮料产品，如橙汁、红葡萄、水晶葡萄、黑加仑等，都更换了新包装。换装之后，每瓶容量由原来的500毫升减为了450毫升，售价仍维持不变。康师傅此举无疑是变相涨价，尽管它一再声明C系列饮料产品“瘦身”不是变相涨价，而是新包装更加时尚、美观。

2011年4月初，国家发改委约请饮料、奶业、糖业、酒业等17家行业协会及商会，劝其承担社会责任暂缓涨价。约谈后，中国奶业协会向全行业发出倡议，35家乳企承诺不涨价。但前不久，西安的消费者却发现，百姓常喝的一些品牌奶，如蒙牛、伊利等袋装牛奶及乳饮料，尽管没有涨价，但却悄然“瘦身”——原来220～227毫升的袋装牛奶及乳饮料，现在全部变为了200毫升。

由以上可见，不论是康师傅还是蒙牛、伊利等，其产品的“瘦身”都是一种变相涨价。尽管涨得有些羞答答，但毕竟还是涨了。

对于变相涨价，老百姓其实并不认可这种做法。“现在什么都涨，如果厂家因为原材料价格上涨、人工成本上涨等原因适当涨点价，我们也能接受，但没必要涨得太离谱吧。而且最好是明明白白地涨价，不要变相、偷偷摸摸地抬价，因为这会让人有上当受骗的感觉。”一位消费者如是说。

而业内人士认为，现在的原材料价格上涨确实比较明显，人工成本、运输成本也在增高，但消化到终端产品，未必会有这么高的涨幅。因而，多款商品以“瘦身”变相涨价，事实上是企业借着通胀的名义跟风搭车涨价，想借此赚更多的钱。

了解了一些商品变相涨价的原因后，现在让我们继续跟着林女士一家去快乐购物吧！

“老公，走，看下洗发水吧！”

林女士与老公带着儿子在超市内走走停停，等他们来到洗发水的柜台前，发现夏士莲、力士等部分洗发水也涨价了。

“上个月在报纸上看到联合利华宣布不涨价，怎么又涨价了？到底是厂家要涨呢，还是你们超市自已涨的？”林女士对超市的工作人员质疑道。

“这我不太清楚，不过，有一些相关产品确实从昨天起涨价了，涨幅为10%左右。其实，大多数日化产品本来是计划今年4月1日调价的，能推迟到今天才涨，已经很不错了！”

如果说食品涨价是原料成本的上涨而导致的，那么日化产品为何也涨价呢？

联合利华中国区副总裁曾锡文曾对媒体称：“日化行业所用的原料大部分是石油的副产品，目前油价是涨了又涨，仅洗涤用品中常用的表面活性剂价格就已涨了六成，塑料包装也涨了六七成，肥皂等产品要用的植物油价格也涨了五成以上。此外，税收也增加了，以洗发水为例，就增加了1.2%左右的税率……”

不管是什么原因，一些日用品的价格是涨了上来，因而对那些常去超市购物的人来说，就需要小心应对了，既要精心挑选质量上乘的商品，又要谨慎陷入商品变相涨价的陷阱中。

猪肉刚淡定，鸡蛋为何又疯涨?

经过一系列宏观政策的调控，到2011年8月份时，CPI终于小幅度回落至6.2%。可令很多人不理解的是，鸡蛋的价格却疯了似的涨起来，有人戏称其为食品中的涨价“新贵”。据相关数据显示，鸡蛋自2011年7月开始，价格已连续60天上涨，涨幅达到了10%。

鸡蛋的价格有多高呢？笔者特意去了一趟北京大兴某农贸市场。在一卖鸡蛋摊前，笔者发现，鸡蛋的标价是5.3元/斤。“鸡蛋的价格这么高，你今年肯定不少赚吧？”一个正在挑鸡蛋的大妈问摊主。

没想到摊主却口吐怨言：“现在卖鸡蛋根本赚不了什么钱，一斤鸡蛋毛利才两毛钱左右，如果运输存放过程中不小心，碰破皮的鸡蛋还得便宜卖。再把房租、水电费等成本摊进去，总得算下来，一公斤鸡蛋也就挣个两三毛。”

与农贸市场的鸡蛋相比，超市的鸡蛋是便宜还是贵呢？又是多少钱一斤呢？正好笔者的邻居王大妈刚从超市买鸡蛋回来，她告诉笔者，原来超市经常有鸡蛋的促销活动，但最近很少了。这不，她从超市买的鸡蛋是5.2元/斤。即使只比农贸市场的鸡蛋便宜1毛钱，也有很多人在排队呢！

不过，这次王大妈手中拎的鸡蛋只有3斤多，原来她可都是10斤10斤地买呢！看来鸡蛋价格上涨了，王大妈也不再多买了。

鸡蛋价格高，像王大妈这样买鸡蛋的消费者要花更多钱了，那么，养鸡场的老板今年会不会多赚钱，发笔小财呢？

王先生是一家养鸡场的老板，今年养了1万只蛋鸡。按理说鸡蛋涨价了，他应该高兴才对，但当笔者提及此事时，王先生并没有显现出太多的喜色，而且认为自己并没有多赚钱。

见笔者一脸狐疑，王先生就给笔者算了一笔账：“饲料每公斤1.6元的时候，鸡蛋160元一件，现在饲料涨到每公斤2.7元了，鸡蛋才180元一件，你说我多赚钱了吗？不信？那好，我们来细算一下。蛋鸡下1公斤鸡蛋要吃掉2.5～2.7公斤饲料，也就是说，饲料价格每涨一成，鸡蛋的生产成本就增加15%……现在平均1公斤饲料的价格涨到了2.7元，1公斤鸡蛋卖到7元，只能保本而已。”

按王先生的小算盘算下来，养殖场主确实没有赚多少钱。不过，他告诉笔者，养鸡场肯定也赚了一点儿钱，不然大家怎么活？

对于鸡蛋涨价，业内人士很淡定。他们认为，鸡蛋价格的波动受季节影响较大。一般来说，每年的中秋、春节是一年中鸡蛋涨价的时期。然而，2011年3月份至5月份，鸡蛋价格却是节节攀升，持续上涨了60天。

是什么原因导致鸡蛋价格不断涨价呢？为何鸡蛋价格居高不下呢？业内人士认为，鸡蛋之所以涨价，与人工和饲料等成本的上涨有关。现具体分析如下：

1. 生产成本上升

养鸡的主要成本包括饲料、鸡苗、人工等。在这些成本中，首先是鸡饲料大幅涨价，造成养殖成本增加。其中，占鸡饲料60%的玉米，价格竟然达到了每公斤2.40元，而2010年玉米每公斤才1.60元；其他饲料包括麦麸、豆粕等也有不同程度的上涨。此外，鸡苗的价格也在上涨。比如，2010年每只鸡苗2元多，但现在已近4元。还有人工成本，亦是涨

了又涨。2010年1000元左右就可以雇到养鸡工人，但现在却必须支付每月1500元以上的工资。

除了饲料、鸡苗、人工等成本外，养鸡还需要水、电、药、运输费等费用，而这些费用近年来都有不同程度的上涨。

2. 受疫病影响

目前，鸡蛋价格上涨除了养殖成本增加外，还受疫病的影响。疫病是如何成为鸡蛋价格上涨的推手的呢？通常，一遇到疫病，养殖户就会淘汰部分老鸡、病鸡，蛋鸡存栏数量就会减少，产蛋量也会随之降低。

从补充鸡苗到大量产蛋需要5个月左右的时间，在此期间，由于鸡蛋供应量减少，鸡蛋价格自然就会上涨。而自2010年秋天以来，禽流感从南至北大面积蔓延，北方直至6月份疫情才有所解除，比往年晚了近一个月。很多发生疫情的养殖场淘汰了大量蛋鸡，即使未淘汰的蛋鸡产蛋量也明显下降了。

3. 受供求关系的影响

通常，很多人在夏季时喜欢吃得清淡一些，不喜欢吃大鱼大肉，这必然导致人们对鸡蛋的消费量大增。每年的7、8月份是鸡蛋消费量最大的时候，再加上不久后就是中秋节与国庆节，又会增加需求。而此时鸡蛋的供应量减少，供明显小于求，就必然导致鸡蛋价格上涨。但当养殖户新增的鸡苗长大，就有可能造成鸡蛋供大于求的现象，到那个时候，鸡蛋价格自然就会回落。

一枚小小的鸡蛋，掂在手中没多大分量，但却关系到老百姓菜篮子的大事。

对于鸡蛋涨价以及养鸡业的前景，业内人士有什么好的建议吗？当然有，而且是众说纷纭，现综合一些建议如下：

1. 规模化养殖

近些年来，我国鸡蛋行业一直处于无序的发展状态中，大多数养鸡场设施简陋，环境较差，蛋鸡死亡率高，疾病预防能力差。这不仅导致蛋鸡的养殖成本高，而且抗风险能力差。比如，一有疫情，养殖户就会因无法承受损失而卖掉所有蛋鸡，这必然直接导致市场上鸡蛋的供应量减少，间接导致鸡蛋价格上涨。因而，养鸡如养猪一样，都应该实现规模化养殖。

2. 加强对鸡蛋价格信息的发布、预测与引导工作

目前，我国整个鸡蛋产业链大多只是对鸡蛋进行最简单的贩卖，在鸡蛋品牌效应的促成和推广方面比较欠缺。最致命的是，大多数养殖户不能及时了解市场行情，这必然导致一些养殖户盲目扩栏或空栏。因而，要想稳定鸡蛋的市场价格，国家相关部门必须加强对鸡蛋价格信息的发布、预测与引导工作。

3. 加大疫病防控的力度

禽流感等疫情是间接导致鸡蛋价格波动的一个主要原因，因而，要想稳定鸡蛋的市场价格，就得强调疫病防治。重点是要加强养殖防疫员队伍建设，及时进行疫病防控，降低养殖风险，提高养殖效益。

4. 转变养殖观念，扩大蛋鸡业的赢利空间

目前，我国蛋鸡养殖业的规模化不够，品牌化不够，从而导致市场价格大起大落。因而，政府及相关部门要重视发展大中型现代化养鸡场，转变养殖观念，扩大蛋鸡业的赢利空间。这样一来，整个产业链才能有稳定的回报，保证鸡蛋价格的持续平稳。

还有专家建议，政府应给予蛋鸡养殖户一定的财政补贴，或实行宽松的贷款政策，鼓励养殖户规模化养殖。此外，蛋鸡养殖户最好给自己的养殖场买一份保险，增加自身抵御风险的能力。

第三章　四面“涨”歌，劫持了谁的幸福感？

在这个“除了涨价，什么都是浮云”的时代，人人都面临着“被涨价”的可能。睡一觉醒来，发现自己又“被涨价”是再正常不过的事了。

当然，我们的生活肯定会受影响，不仅生活成本增加，生活压力增大，甚至面临着资产缩水，幸福感被劫持。即使如此，我们也不应该悲观、茫然，而是要积极面对，采用各种妙计来应对高物价下的窘生活。

通胀时代，你“被涨价”了吗？

年年岁岁花相似，岁岁年年人不同。如果你问“与2010年相比，2011年有何不同”的话，那就是更强烈的通胀已经来临，居高不下的CPI让很多人“被涨价”了。

2011年，肉类食品涨价了、水产品涨价了……而据坊间传闻，部分水产品的价格变动属于被动性上涨，是由肉类食品涨价，特别是猪肉价格飞涨引发的蝴蝶效应造成的，即“被涨价”了。

随着中秋节的来临，2011年“被涨价”的不只水产品，还有食用油与月饼。据相关媒体报道，继鲁花、金龙鱼品牌领“涨”后，另一食用油巨头福临门也跟风上调，涨幅在5%～10%之间。月饼行业的业内人士也透露，鉴于今年原材料上涨的影响，今年广式月饼价格或普涨两成。

涨、涨、涨，除了存折上的钱不涨什么都涨。于是，不经意间，很多人进入了“被涨价”的时代。你，“被涨价”了吗？

对此，有人也许会不屑一顾，甚至不以为然地断言，涨价与自己无关！“高档酒涨价，但自己从不喝高档酒；成品油涨价，但自己没私家车，出门不打的，总是骑自行车，既环保又节能；猪肉涨价，自己一年四季都吃素；早点涨价，自己天天在家里做早点吃……”

涨价真的与你没关系吗？如果你常吃的米涨价了、油涨价了，洗浴用的洗发水、沐浴露也涨价了，你还能信誓旦旦地说“涨价与你没关系”吗?

事实上，在通胀时代，涨价如一股旋风、一轮狂潮，只要你活在这个世界上，不论任何人，都无一例外要被一网打尽。因而，涨价可以说与你的生活息息相关，不定什么时候，你就会成为“被涨族”了。

李女士作为北漂族，如今也成为了“被涨族”的一员。

李女士是西安人，五年前来北京打工，平时过日子很是节省，最大的开支除了买衣服，就是房租了。一年前，她在北京南五环的一个城中村租了一间15平方米左右的平房。上个月房东刚涨了100元的房费，今天她下班回到家，房东告之电费要涨了，要涨到每度1块钱。

“一度1块钱，这不是天价吗？”

虽然李女士心里明白这是房东想多赚钱，但并没有就此与房东理论，因为房子是人家的，电费肯定也是人家说了算。虽然国家发布了“禁止任何单位和个人在电费中加收其他费用”的明文规定，但谁让你在北京没有房子，要租别人的房子住！没办法，人家涨多少，你只能交多少。

作为一个从农村到城市的外来务工者，李女士真实地感受到了在城市生活的不易。这让她十分怀念在农村老家的生活，油、大米和蔬菜根本不用花钱买，猪也多是自己家养，顶多花钱买点日用品。哪像在城里，什么都要花钱买，而且什么都涨价。

作为弱势群体的李女士就这样“被涨价”了。如果再这样涨下去，李女士就有回老家工作的想法了。

与家在外地的李女士相比，刘女士绝对算不上弱势群体，因为她不仅是地道的北京人，而且有一份不错的工作——大兴某区的一个公务员。但让她纠结的是，自己最近也“被涨价”了。

刘女士的颈椎不太好，于是她就在家附近的一家盲人按摩院办了一

张VIP按摩卡，成为了这家按摩院的会员。这样，她的每项服务都可享受7折的优惠。

之后，刘女士经常去那做按摩。可这个周末她去做按摩的时候，按摩师却告诉她，她不能享受原先的7折优惠了，如果要继续享受的话，就要再交2000元对会员卡进行升级。

“为什么要再交钱？”刘女士非常吃惊地问。

“因为现在的房租、水费、电费、员工工资、日常店面维护费等都涨价了。”

刘女士听完按摩师的话就晕了：我这不是“被涨价”了吗？可怎么感觉这“被涨价”有些不对劲儿。于是，她找到了消费者协会，并从消费者协会了解到：自主定价、调价确实是商家的权力，但如果在双方约定的服务合同未到期时，商家上调服务价格，那就属于违约了。

消费者协会的法律顾问认为，刘女士已经购买了该按摩院的VIP卡，就可以视同与按摩院签订了一份服务合同，而“享受7折优惠”等于是该合同的一部分条款。在这种情况下，如果按摩院想变更合同内容，就应当提前与刘女士进行协商，否则就视同违约。

但让刘女士恼火的是，当她理直气壮地与按摩院理论时，对方却采取了一拖再拖的方法，把刘女士晾在了一边。

刘女士理论的最终结果如何呢？我们暂且放置一边，在此，值得借鉴与提倡的是刘女士面对“被涨价”时的态度：在“被涨价”时，我们不要一味抱怨，而是要理性对待，看下我们是“被涨价”了还是“被宰”了。如果是前者，我们就只能盘算着如何省钱过日子；如果是后者，我们就要绞尽脑汁，想着如何维权了。虽然维权并非一件容易的事。

李女士与刘女士都“被涨价”了，除了她们，相信还有很多“被涨价”的人。如果你的午餐必须到饭馆解决的话，说不定哪天吃饭时，你就会发现一份土豆丝竟然也涨了2元多，你是吃还是不吃呢？如果吃，你当然就要“被涨价”了。

张小姐爱吃凉皮，可她最近发现自家附近的凉皮店都换上了新的价目表，每逢有顾客光临，老板都会事先强调一句：“大份涨1块，小份涨5毛啊。”

“怎么凉皮也涨价？”对于涨价，很多顾客都不满。

“现在物价这么高，什么都涨，房租涨、电费涨，凉皮不涨，我们怎么生活啊？”老板回答得也是理直气壮。

张小姐见凉皮涨价了，就想着去吃点面吧。可是她逛了一些饭店、小吃店，发现店主都重新制作了菜单，就算价格没变化，菜量也明显减少了。

“有的东西涨价还能接受，可所有东西都涨，我们就不能理解了。”张小姐如是说。

尽管现在很多人像张小姐一样，不能理解很多东西为何都涨价，但还是必须面对什么都涨的事实。说不定你哪天早晨起床晚了，必须打车上班，而等你坐到出租车上时才发现司机座位前方贴有一个小提示：出租费涨价了。下车是不行了，只有心平气和地等着车到达目的地，心平气和地面对“被涨价”。

你“被涨价”了吗？“被涨价”很郁闷可以理解，但如果面对“被涨价”大动肝火的话，你就需要好好调整下心态了。

现在的100元还能买什么？

如果你做个调查，问现代人最大的梦想是什么，可能很多人会这样回答：睡觉睡到自然醒，数钱数到手抽筋。

但当某一天物价涨得太离谱了，钱就快成为一堆没用的废纸时，你的梦想还会是数钱数到手抽筋吗？如果真有那么一天，相信很多人的答案是否定的。为何？因为钱不值钱了。不信，你来看下以前的100元能做什么，而现在的100元又能做什么。

张大妈今年65岁，她告诉我，她年轻时，烧饼5分钱一个。那么，100元能买多少个呢？相信你数学学得再差，也能算得出来。可现在的烧饼是1元钱一个，100元只能买100个了。于是有网友戏称："如果身上只带100元钱，怕都不敢出门了。"网友的话虽然有些夸张，但现在的100元确实买不了多少东西。你不信吗？

周六，在某杂志社上班的吴小丽，带着100元钱去了菜市场。她先后买了四样青菜、两斤五花肉、一条鱼，爱吃苹果的她还买了一点苹果。买完苹果，她本想再买一把香蕉，可一看手中只剩10多元钱了，而每斤香蕉2.5元，每把香蕉至少得五六斤重，于是她不得不放弃买整把香蕉的打算，只买了半把。

“怎么只买了半把香蕉？”回到家，妈妈好奇地问吴小丽。

“就带了100元，买完菜剩下的钱根本不够买整把香蕉。”

“钱不够？带了100元出去，没见你买多少东西啊？哎，现在的东西都这么贵了，还在一个劲儿地涨！猪肉前段时间刚涨到15元一斤，是不是又涨了？哎，100元只能买这么一点东西啊？”

“不知道涨没涨，反正我带100元去菜市场，就换了这些东西回来。”

“哎，现在的100元钱怎么这么不值钱了？要是在几十年前，几百元可能派大用场呢，能买一套房子！那时你爸工资每月才40元！”

“老妈，那是老皇历了！现在的100元怕只能买几块砖了吧！远了不说，就说30年前，谁要是月薪100元，一定是令人羡慕的金领！”

“这倒是。我记得你大伯1949年参加工作，后来还当了单位的财务科副科长，到80年代初，月薪也只有70多元。据说，著名相声演员姜昆、赵炎在80年代中期的月薪都是70多元……”

“所以，你不要再提以前的事了。否则，就会越提心里越失衡！你要看看现在都过去多少年了，时间一天天地变化，这物价肯定要上涨的！”

“是啊，几百元能买一套房子的确是老皇历了。不过，10年前，100元可算是真正意义上的大钞了。比如，2000年每斤大米1块钱，100元能买100斤大米；可如今已经涨到2块多一斤，100元钱连50斤大米都买不到了！”

“这还不是‘什么都涨价’给闹的。我上幼儿园的时候，每学期的学费才2块钱。现在呢？一些幼儿园的学费已经到2万多了！”

“是啊，原来100元能买一件不错的上衣，现在只能买最便宜的了！”

当100元钱买不了多少东西，当钱不经花时，作为普通老百姓的我们，生活将会受到怎样的影响呢？也许有人会说：“我是中高收入家庭，不会影响到我的。”而国家统计局安徽调查总队的一项数据显示，2011年6月份安徽省CPI同比上涨7.2%，创35个月新高。一年之间，CPI

从2.7%攀升至7.2%，物价上涨的影响已经从低收入群体扩大至中等收入阶层。可见，在通胀时代，任何人都会受到钱贬值、钱不值钱的影响。

1. 钱贬值对中低收入者的影响

对中低收入者而言，100元钱买不了多少东西，就意味着生活支出与成本不断增大，进而会感觉到生活压力的增大，特别是近期以猪肉为代表的食品的涨价。要知道，食品在他们的消费支出中占较大比重，是必需消费品，这就会使得他们的支出明显增多，生活压力明显增大。

2. 钱贬值对高收入者的影响

很多人认为，物价上涨对于高收入者没什么影响。其实不然。轻微的物价上涨通常对他们的生活影响不大，特别是对生活成本的影响较小，因为这些人本来的生活成本就比中低收入者高。但如果钱贬值严重，就会导致他们的资产缩水，无论是银行账户上的财产还是股市的资产。

钱贬值、钱不值钱了，我们该如何应对接下来的生活呢？

1. 精打细算过日子

提及居家过日子，很多年轻人会不屑一顾，但也有很多年轻人，包括白领一族，在支出增大的压力下，也会有精打细算过日子的打算，想早点远离“月光族”。

如何节省着过日子呢？如果你是一个居家的“菜鸟”，就要跟那些精明的大妈们、阿姨们好好学些持家之道了。

家住河北石家庄的陶阿姨，全家人都爱吃馄饨。以前猪肉没涨价前，陶阿姨总是包纯肉馅的馄饨，猪肉、羊肉、鱼肉换着花样吃。但猪肉涨到15元一斤后，他们家基本上就不吃纯肉馅的馄饨了，而改吃肉与青菜混合馅的馄饨。这样，既可以像先前那样每周都吃馄饨，生活成本也没有提高。

2. 看好自己的钱袋子

即使身处通胀时代，每个人还是想多赚钱，特别是对于中高收入者来说，更是如此。在此笔者建议，钱贬值的时候，最好小心投资，因为有时投入越多，可能赔得越多。目前没有投资打算的朋友，也要居安思危，要知道，钱贬值时你存折上的钱也会不断缩水。如果你不好好保管自己的钱袋子，你的钱就有可能打水漂了。

存在银行的钱为何会缩水呢？让我们举例说明。30年前，王先生将400元以一年定期存款的方式存入了银行，每次到期后，他都会将本金与利息一并以一年定存的方式进行储蓄。现在，他连本带息取出来约为2200元。30年前，400元足可以购买小城镇的一间砖房，但现在的2200多元只够买500多公斤面粉。照这样推算，我们不难得知，若干年后这些钱可能只够买一打包子了。

综上可见，不论是中高收入者，还是中低收入者，都会受到物价上涨、金钱贬值的影响。因而，我们不能小觑物价上涨，而是要多关注上涨的物价，然后积极应对。

菜价涨了，你的工资涨了吗？

在这个物价不断上涨的时代，你最深的感受是什么？你最大的愿望是什么？想必是盼望物价下降，或工资上涨吧！可工资啥时能涨，工资涨幅能不能跑赢CPI呢？

在一家私企当会计的赵女士的真实感受是：菜价涨了又涨，但工资却原地不动。

菜价到底涨了多少呢？据相关部门统计，从2000年起，我国蔬菜价格大概每年上涨10%左右。这就导致有些菜比肉还贵，特别是在冬天，春节前后。请注意，说菜比肉贵，当然是指猪肉涨价前。

这反映出什么问题呢？业内人士认为，一是反映出人们的整体收入水平提高了；二是反映出在城市化、工业化的过程中，大量菜地农田转化为了工业用地。但在老百姓看来，就是菜涨了，菜价高了。

那么，菜价为什么会上涨呢？主要由于人们生活观念的转变，对肉类的需求渐减，对蔬菜的需求不断增加。与此同时，劳动力成本、防治病虫害的支出等都在上涨，这些都拉抬了蔬菜价格。

赵女士今年40岁，在一家私企工作了五年，工资还是三年前的3500元。这一工资标准在她的单位里已经算是高收入者了。她老公做生意，每月收入比她多一倍。照理说，她应该没有经济方面的压力，但每次从菜市场买菜回来，都会对老公抱怨一番：“老公，菜又涨价了。你猜油菜涨到多少钱了？”

“每斤2块5？”

“那是10天前的价了！”

“难不成每斤3块钱了？”

“你还少说了5毛，油菜每斤都涨到3块5了！”

“啊？前几年才1元左右啊。”

“是啊，连不起眼的小油菜都涨到3块5一斤了。不只是小油菜、小白菜等青菜，还有水果也都大幅涨价，苹果的涨幅甚至接近一倍了。现在的蔬菜、水果是涨了又涨，什么时候工资给涨一涨啊！”

“不涨就不涨吧，我们又不是活不下去了！”

“可我心里就是不平衡。你看看，今年女儿上大学了，每月需要1000元左右的生活费；我们两人的电话费、物业费、水电燃气费，汽车保养费每月大概1500元，我俩的生活费1500元，你吸烟大约600元，应酬1000元。这样算下来，一个月支出超过5000元。而三年前，我们每个月只要支出3000元左右就可以了。既然物价这么涨，我们的工资就应该涨！但我的工资并没有涨，是不是因为我在私企的原因？哎，我好希望有一天我的工资也能涨一涨啊！”

赵女士虽然属于中高收入家庭，可也天天盼着涨工资！这是通胀时代人们最典型的一种心理。

相比赵女士，孙先生更是希望自己的工资能涨一涨。因为孙先生的妻子自从生下一对双胞胎女儿后，就不上班了，全家四口人的生活重担全压在了孙先生一个人身上。这让他明显感觉到了生活带来的巨大压力。

孙先生每个月的工资不到7000元，但除了每个月房贷1500元，买菜、买米、买奶粉等食品支出2000多元外，还要给负责打扫卫生帮妻子带孩子的保姆一个月800元，物业费、电话费、手机费、上网费、水电

费等每月也得1000多元。

算下来，孙先生家中杂七杂八的开支总共5500元左右，每月还有一点节余，但如果孩子生病的话，那麻烦就大了，肯定会陷入入不敷出的境地。因而孙先生希望老板给他涨点工资，正想着过段时间跟老板提一下。可昨天老板炒了一个在公司工作多年的员工，据同事们猜测，可能是因为那个员工给老板提出了涨工资的想法。

这下，孙先生不知如何是好了。如果那个离职的同事是因为提涨工资而被炒，自己此举无疑是向枪口上撞，自找不自在。可不提涨工资的事，自己的负担又太重，怎么办?

什么都涨，工资不涨。如果你是孙先生，你会怎么办?

白女士是北京一家出版公司的图书编辑，今年35岁，在这家公司工作了三年。她每月的基本工资是4000元左右，由于是私企，所以涨工资的可能性并不大。她老公和她是同行，只不过不在一个公司上班而已，两人的工资不分伯仲，每月总共8000元左右。

他们每个月需要5000元左右的开支，具体包括：在老家买了房子，每个月房贷1500元，在北京的租房费用每月1000元左右，两人每个月生活费2000元左右，每个月给孩子奶奶寄500元孩子的生活费。当然，这些开支是固定的、必需的，如果哪月应酬多，比如同事或同学结婚多，家中开支肯定会增加。

但白女士在老家工作的同学，虽然每个月只有2000多元的收入，但人家不用租房，而且老家的物价也比北京低很多。算一算，白女士的实质收入还不如老家同学的多呢。更让她纠结的是，她的一个中学同学在当地一所学校当老师，已经轻轻松松每月拿到3000多元的工资了。据说，近期内，那个同学的工资还有可能涨。

前不久，同学聚会上，那个当老师的同学还对白女士调侃道："我听说新疆每到收棉花的季节，都要找河南的农民去摘棉花，原来每人每天50块钱，现在100块钱都没人想去了……你在北京混了这么多年，还没混出什么名堂，不如回来混吧！”

同学的话像刀子似的，一下戳到了白女士的软肋，这让白女士心里非常不爽。不过，这也是事实，同学有房有车，工资涨了又涨，可自己呢？工作了好几年，也没涨多少工资。怎么办？思来想去，白女士决定找一份兼职。

当然，白女士之所以下定决心找兼职，不只是受了同学的刺激，还有一个原因，那就是她们公司近期的经营状况不好，怕老板因此炒人。与其让他炒，还不如自己先找一条退路，而最好的方法就是兼职。于是，她在各大网站上发求职广告。结果，没出半个月，她就找到了一份兼职校对工作。这样，每个月她就有了一笔额外的收入。

“物价天天涨，为啥工资不涨？”在通胀时代，很多人总是如此抱怨。如果你经常浏览一些论坛，就不难看到类似发牢骚的帖子。笔者前几天就在网上看到有一网友是这样抱怨的：“我们单位还是五年前的工资水平，但物价却在这五年间翻了好几倍。收入不涨，物价飞涨，这么下去，不知道会是什么结果……”还有网友抱怨工资涨得太慢，涨得不合理：“物价可以一天一涨，工资最多一年一调。调工资像乌龟爬，涨物价像飞马奔！工资追物价，累死你都追不上！”

这样抱怨有用吗？老板有可能因你的抱怨而给你涨工资吗？如果你不是国企员工，不是公务员，不是下岗工人，不是低收入人群，没有跻身于“被涨工资族”，那么在菜价不断涨、工资却零上涨的情形下，这种郁闷、抱怨是可以理解与同情的，但与你的生活改变却是一点用处也没有。

伟人云：“自力更生，艰苦奋斗！”与其郁闷、抱怨，不如学下白女士——找一份兼职，或加班加点工作，靠自己动手来丰衣足食。要知道，在通胀时代，除了多动手，辛苦下，节省些，没有其他能让我们生活无忧的王道。当然，如果你爸是李刚！你大可高枕无忧了！

高物价，劫持了你的幸福感吗？

天热的时候开空调，天冷的时候有暖气；想吃什么买什么，出门以车代步，每天衣着光鲜，坐在高档写字楼里上班；放假时，带着老婆孩子找个地方游山玩水！相信对于大部分现代人来说，这样的生活并不陌生，特别是对于年轻的80后来说，更是习以为常了吧。

但是，如果你问现代人感觉幸福吗？很多人的答案却是否定的，甚至会对你怨声载道，会说“郁闷”、“愁死了”、“我可怎么办啊”之类的话。

为什么一些现代人，尤其是年轻人，活得如此郁闷、如此苦不堪言呢？是谁劫持了他们的幸福感呢？究其原因，当然有很多，但有一个不能小觑，那就是物价上涨。为何这样说呢？因为物价上涨对人们的生活影响太大了。

事实上，从经济学角度来讲，物价波动是一种正常现象，但如果物价过高、涨速过快，就会造成老百姓压力过大、心里不安。特别是食品上涨所引发的高物价，会明显导致人们的生活成本增加，生活压力增大。换言之，高物价会劫持现代人的幸福感。

笔者这样说，绝非空穴来风。据2010年第四季度央行的调查数据显示，居民对物价满意度为11年来最低，73.9%的居民认为物价高得难以接受。“11年”、“73.9%”这两个数据说明了什么？当然是人们感觉不到幸福了！

2011年上半年，物价持续飙红，对此，各阶层居民都受到了不同程度的影响。尤其是人数相对较多的工薪阶层，他们感觉生活质量明显下降了：“有车族”直言要改乘公交车；“房奴”们被房贷压得喘不过气；“无房族”则要面对房租不断上涨带来的压力；中低收入者呢，餐桌上的菜肴变了又变，越来越简单……

在物价不断飞涨的生活现实下，老百姓的无奈为哪般呢？

1. 生活压力大，苦不堪言

近10年来，我国CPI累计上涨30%。如此高的涨幅，对人们的负面影响自然非常大。拿加息来说。加息对总去银行存款的人来说，是件好事，但对那些要供房的“房奴”们而言，可就是雪中送冰了。比如，一个人贷100万元的贷款买房子，30年还贷期，两三次加息下来，30年累计要多还利息40多万元。这也难怪很多“房奴”苦不堪言，对自己当初的买房之举是悔青了肠子。

其实，在通胀时代，涨的不只是房价与银行利息，直接关系老百姓生活成本的菜、肉、电、水、燃气、油等，都有不同程度的上涨。

2. 忧心忡忡，不知明天如何

在上海某私企工作的钟小燕，大学毕业后就找到了这份工作，现在她已工作两年了。她每个月的基本工资是5000元，由于她经常加班，每个月能拿到6000元左右的工资。与河北老家的同学相比，钟小燕的工资比他们高出近两倍。但在高物价的上海，她却不敢乱花钱，甚至不敢经常买水果吃。

因为她每个月必需的支出包括：房租1500元，生活费1500元，交通费、水电费等500元，衣服平均每月300元，每月给上大学的妹妹寄1000元。尽管钟小燕每个月除开支外还有节余，但她还是感觉生活压力很

大，并且时常担心："要是哪天老板炒了自己，自己失业了，怎么办？妹妹上大学的费用怎么解决？"

为此，钟小燕整天忧心忡忡，晚上经常做噩梦，梦到自己因工作出了差错而被老板炒了。每当她跟同事说起这件事时，同事都认为她生活压力太大了，所以才这样杞人忧天。

钟小燕是杞人忧天吗？当然不是，而是被高物价折腾得有些焦虑了，被高物价劫持了应有的幸福感。

3. 满腹牢骚，欲哭无泪

除了钟小燕，还有谁被高物价劫持了幸福感呢？当然是大有人在。不信，请看一些网友在网上留下的帖子。

"我只想哭！因为我是穷人！每月赚的工资一点都剩不下！既买不起房子，也租不起房子，可物价还再涨。""上了三年大学，工作了两年后才发现，我这点工资根本跑不过CPI，羡慕那些嫁给城中村农民的女同学，这样她就有钱了，有房子了，就不怕物价涨了。而现在的我，欲哭无泪啊！"

人穷志短，网友的抱怨体现出的是物价上涨下人们最无奈的心态。而拥有这种心态的人，其幸福感自然已经被劫持了。

钱女士是一名下岗工人，几年前下岗时，单位一次性买断给了5万元钱。现在，她在一家洗衣店上班，每个月只有1500元的收入。她老公每月工资2000元左右。他们有一个正在读高三的儿子，儿子的学习成绩在班里名列前茅，考大学没问题。

"但现在物价涨得这么快，儿子上大学的费用也会跟着涨，即使学费不涨，生活费肯定要涨。哎，看来儿子上大学，会特别难了。"钱女士无奈地叹息道。

钱女士的儿子十分懂事，看着妈妈天天叹息，就对她说："妈妈，放心，除了学费，我上大学的其他费用我自己来解决！我要一边上大学，一边打工！"

“一边上大学，一边打工！”可见，钱女士儿子的心态要比钱女士好很多。而幸福感呢，原本就是一种良好的感觉，一个积极的心态。不论何人，只要有了这样的心态，就可以高枕无忧了。因为，即使物价再涨、再高，只要你知足就能常乐；生活再苦、再难，只要你笑口常开，幸福就会不离左右！

总之，幸福感不是谁想劫持就能劫持的。如果你感觉高物价劫持了你的幸福感，你就要好好反思了，是否应该调整一下自己的心态了？要知道，就算你再悲观、再消极，也改变不了物价上涨的现实。

快餐涨价，白领的午餐如何吃?

食用油涨价了、面粉涨价了、猪肉涨价了、人工工资涨价了……一些快餐业也开始涨价了。在快餐行业中，最先提价的就是麦当劳。早在2010年11月份的时候，麦当劳就因成本提升而将其在中国售卖的部分产品，如汉堡、饮料等售价调高了0.5～1元。

距麦当劳提价仅两个多月之后，肯德基也决定从2011年1月31日起，对部分产品进行提价，单项产品涨幅为0.5～1元，而肯德基宅急送产品暂不提价。肯德基此次提价只涉及部分产品，主要包括早餐、24小时餐厅的夜间时段价格等，而且不同肯德基餐厅涉及的涨价品项不同，大多数肯德基餐厅涉及的产品数量不超过一半。相对于CPI的增幅，肯德基此次的提价幅度还是比较“温和”的。

距离肯德基上调产品价格没几个月的时间，7-11便利店也于2011年7月上调了部分店面的部分产品的价格。比如，7-11SOHO现代城店。

由于SOHO现代城附近的小餐厅不卫生、正规的西餐厅收费又太高、中餐饭馆一到中午就人满为患，而7-11的饭菜既便宜又干净，所以白领们就习惯了去7-11便利店吃午餐。可现在7-11便利店的菜价也上调了，其中由4元调至4.5元的菜品有：西红柿炒鸡蛋、茭白炒木耳、肉酱茄子；由6元调至6.5元的菜品为：酱爆鸡丁、芽菜鸡柳、八宝辣酱；价格还是8元未变的菜品主要包括：烤鸡腿、鳕鱼块等。

除7-11SOHO现代城店外，7-11的其他便利连锁店，如朝外、中关村和劲松等地的多家店面也都涨价了。之所以涨价，店家表示，主要由于物价一直上涨，导致盒饭的制作成本不断提高。

无独有偶，2011年7月，国内最大的中式快餐店“真功夫”也出现了近三年全国范围内的首次调价。紧接着，一些中式快餐店纷纷提价，其中饮料、套餐涨幅在0.5～2元，有些新品价格也高得离谱。

随着原材料、人工等成本的持续上涨，不只是快餐巨头麦当劳、7-11便利连锁店、“真功夫”提价了，不少靠近写字楼或一些大公司的小饭馆也都悄悄涨了价。

对于快餐企业纷纷涨价，业内人士认为，首先是工人成本提高、原材料价格迅速上涨导致快餐价格集体上调，其次是配送燃油及人工费用等支出的增加也带动了涨价趋势。为了缓解综合性成本递增的压力，一些商家便选择了在价格方面做出上调，将压力转嫁给了消费者。而消费者应该怎么做呢？

23岁的陈小莉是四川人，在西安的一家电子公司打工，每个月有3000元左右的收入。西安2010年上半年城镇居民人均可支配收入为12839元。算下来，个人月均可支配收入是2140元。而陈小莉每月3000元左右的收入，应该属于中等收入者了。但物价上涨依然影响到了她的生活。确切地说，是影响到了她的午餐水准。

陈小莉最不喜欢吃的就是汉堡，平时很少光顾麦当劳，因而麦当劳涨价对她的影响不大，但让她头痛的是，公司楼下的酸辣粉从一碗5元涨到了6元，提高了1元。这样，每个月就要多支出几十元了。

除了酸辣粉，陈小莉最喜欢吃的就是水煮鱼，以前每周都和同事去吃两次。可最近她发现，公司附近的几家四川餐馆都不约而同地涨了10元左右。理由是“鱼涨价了，我们也没办法。”

虽然店家的水煮鱼是“被涨价”的，但对于陈小莉来说，她每次吃鱼就要多花钱了。当然，也有一家没有涨价，但水煮鱼中的鱼肉，明显没有原来多了。

业内人士认为，现在的餐饮业本来就竞争激烈，快餐巨头与小餐馆的涨价之举无疑是下下策，或者说是被成本上升逼迫涨价的。但面对快餐业的纷纷涨价，喜欢用快餐解决自己午餐的白领一族，应该如何应对呢？难道只能减少午餐下馆子的次数吗？

针对这一问题，某机构对一些网友进行了问卷调查。调查结果显示，有28%的网友表示，自己每月下馆子的次数减少了1～2次；21%的网友减少了3次以上；近30%的网友表示近期下馆子吃饭时，为了“保护荷包”，往往点便宜的素菜；超过20%的网友最近一个月“没有下过馆子”。

由此可见，面对高涨的午餐价、快餐价，精明的白领一族已经开始行动起来了。

陈小莉的同事是怎么做的呢？最近几天，细心的陈小莉发现，与自己关系不错的同事王小凤开始自己带午餐了。而以前，她最烦带午餐了。

“小凤，怎么想到带午餐了？”

“哎，还不是因为我们的工资跑不过CPI！”小凤神情无奈地说。

“什么时候开始关心CPI了？”

“当然是最近了，哎，那个见钱眼开的房东，竟然一次给我涨了300元的房租！”

“才涨300元够美了，我们房东一下给涨了500元！最可恨的就是她那副爱租不租的样子！房租涨、菜涨、肉涨，什么都涨，这日子越来越不好过了。”旁边一位同事搭话道。

“那也得照过，不过得算计着过了，绝不能再做‘月光族’了！否则，万一哪天物价再涨，我们真的是吃了这一餐，不知下一餐吃什么了。”

“怎么算计着过日子？”

“像小凤学习啊，晚上做饭时多做一点儿，第二天带来当午餐。”

“这样能省多少钱啊？”

“我算过，你们看，公司周围的饭馆，两三个菜就要几十元，快餐店更是一份炒饭都要近10元。按平均每天中午15元来算，20个工作日下来至少要花300元。而自己做，每餐成本也就5元，这样，一天省10元没问题，而且比外面的饭干净！”小凤说。

“这倒是一个不错的方法，既利于健康，又可省钱，一举两得！”

“谁还有好的方法？”

“少荤多素！”

“不行，这就会降低我的午餐标准，我怕身体吃不消！”

“那就货比三家，同样的菜，看哪家便宜就去哪家吃！这个方法如何？”有同事建议道。

“我看还是自己带午餐最好，那样的话，大家都做好吃的，就可以一边分享美食，一边聊天，完全是一道美食风景线嘛！”

……

白领的午餐到底应该如何吃？是要省钱呢，还是要吃好呢？当然需要两者兼顾。而要做到这一点，就需要白领们好好开动脑筋，好好琢磨琢磨了！

在此，笔者也有个不错的方法——“蹭饭”，有兴趣或有条件的白领一族可以尝试下。

1. 蹭大学食堂的饭

如果你公司离某大学不远，你就可以去大学食堂蹭饭。为什么？因为高校食堂的饭菜价格实惠，而且比较卫生，种类较多。其价位通常为每份1.5元或2元，最贵的肉菜也就2.5元一份。在高校食堂就餐，一般5元钱就可以吃饱了。如果想吃好，10元钱足够了。

2. 蹭其他大公司食堂的饭

除了蹭学校食堂的饭，如果你公司附近有其他大公司的话，也可以去蹭饭。通常大公司都有自己的食堂，而且饭菜价格便宜，当然也很干净。有一次，笔者与一个朋友就曾去一家公司食堂蹭饭了，那次朋友点了两份红烧排骨（3元）、两份清蒸鲩鱼（4元）、两份青菜（2元），再加上米饭、啤酒等，两人一共花了不到20元。便宜吧！

3. 蹭父母的饭

如果你平时和父母一起住，离公司又不远的话，你就可以蹭父母的饭，或让父母帮忙准备第二天要带到公司去的午餐。

田小彬平时吃住都和父母一起，每天中午的午餐就是妈妈亲自给他准备的。小彬从来没有向父母交过生活费，但老妈心疼儿子，换着花样为他准备各式午餐。如果他说想吃鱼了，那么第二天他的饭盒中一定会有几块鱼等着他来享用……尽管每当提到这事时，小彬都有些不好意思，但按每个月20个工作日来算的话，他不仅能节约400～500元，而且吃得既营养又健康。

4. 拼饭或团购

如果中午不想自己带饭，又想省点钱的话，可以与同事一起拼饭。比如几个同事一起点菜和饭，最后饭钱大家分摊；或者去一些网站团购一些饭馆的菜，这样既没降低午餐标准，又可省一些饭钱了。

你想好午餐如何吃了吗？在此，笔者要提醒你的是，不管午餐如何吃，一定要吃好吃饱！千万不能为了省钱，亏了自己的身体！那样的话，如果时间长了，肯定会影响健康的。

学费涨价，孩子的幼儿园如何上？

一提黄山，很多人都会想到它秀美的风景、陡峻的山峰，甚至会羡慕那些长期生活在那里的人，因为那样就可以经常游山玩水，与大自然零距离接近，生活多么惬意啊！

黄先生是土生土长的黄山人，有一份能糊口的工作、一个漂亮的老婆，还有一个活泼可爱的正在上幼儿园的儿子。但他的生活并非外人想象的那么惬意，甚至总是与一些烦恼不期而遇。

最近他烦什么呢？原来是孩子上幼儿园的事。黄先生的儿子在他们小区附近的一家幼儿园上了三年，可前几天快开学时，老师却告诉他：秋季学费每月涨300元。黄先生当时就有些发晕的感觉，“幼儿园怎么不早通知家长啊？”

“要不给儿子换一个幼儿园？”看着老公如此郁闷，黄先生妻子建议道。

“马上要开学了，临时给孩子换学校怕是来不及了。不过，倒可以试试看。”

第二天，黄先生就打电话给一个朋友，让朋友帮忙留意下，有没有便宜或离小区近一点的幼儿园。没想到朋友当时就“教育”了他一通：

“换什么换，能凑合就凑合吧。现在好多幼儿园的入园费都涨价了，我办公室那几个有孩子的女同事，早晨一上班就问‘你家孩子幼儿园的学费涨价了吗？’”

听朋友这么一说，黄先生立马打消了给儿子换幼儿园的想法。不过，心里依然别扭着：“这学费怎么说涨就涨啊！幼儿园又不是菜市场，咋也这样不靠谱儿，都不提前说一声。”

正当黄先生非常纠结时，他收到了儿子老师的致歉短信，说通知家长上调学费的时间确实仓促了，并为此道歉。同时，告诉黄先生，中班和大班秋季学费在上调后的基础上下调50元，并承诺两年内不再上调。这下，黄先生心情好了许多。

幼儿园学费为何涨价？据笔者一个在幼儿园工作的朋友介绍说，主要是由物价上涨导致的。笔者朋友工作的幼儿园，上学期的学费是5200元，而新学期学费却上调到了6340元，涨幅接近22%。那个朋友还说，新学期还出现了学费涨幅超过50%的幼儿园呢。

幼儿园学费上涨真的是由于物价上涨了吗？对此，一些家长认为，是幼儿园乱涨价。

高女士有一个4岁的女儿，由于搬新家，她不得不给女儿换一家幼儿园。通过朋友介绍，高女士总算在新家附近的一所幼儿园给孩子报了名。在这所新幼儿园，高女士要缴纳的具体费用如下：每月的保教费1600元、伙食费350元，合计1950元。让她不解的是，张贴在幼儿园收费公示栏里的保教费一栏赫然写着“1450元/月”，为何校方实收1600元呢？

高女士虽然心里纠结，但还是没说什么。因为这所幼儿园的师资、环境都相对不错，很多人想进都进不来呢！所以，高女士只能乖乖地交钱！

后来笔者就此事向朋友咨询，为何幼儿园的实际收费与收费公示栏不一样。朋友告诉笔者，“那可能是普通班的保教费，普通班只开设了大班，而艺术班每月需要另加一定的费用。”听了朋友的话，笔者豁然开朗。

现如今，幼儿园的费用是越来越高了，有的甚至高过了一些大学的学费，这已是不争的事实。离高女士新家不远的一所贵族幼儿园一学期学费2万余元，一年就得需要4万元甚至更多。因而，有父母这样戏称幼儿园的收费：“没有最高，只有更高！”

到底哪些幼儿园的收费会高一些呢？据笔者在幼儿园工作的朋友介绍，“涨声一片”主要集中在民办幼儿园，公立幼儿园因实行政府定价，享受政府补贴，因此数年来的收费都没有多大变化，即使涨，涨幅也不会太大。

笔者曾以家长的名义咨询过北京一家幼儿园的收费情况，负责招生的老师告诉笔者，他们幼儿园的收费标准为：“保教费每月3500元，但如果等到9月1日以后报名，保教费则为每月4000元。此外，幼儿园还要收学杂费、冬季园服费、取暖费。”

“夏天是不是还要收空调费？”

“是的。”

这费也收，那费也收；这费也涨，那费也涨。对于中低收入的家庭来说，孩子上幼儿园的学费无疑是一大负担。但孩子上幼儿园是大事，即使学费不停地涨，很多家长还是会勒紧裤腰带让孩子上好一点的幼儿园。这也就让一些幼儿园“涨得有道理，贵得有道理”了。

当然，家长也期待政府相关部门能推出普惠性幼儿园，推广“限价幼儿园”，并对办学质量及标准进行严格监督，让普通家庭的孩子都能上得起幼儿园，从而切实改变“入园难”和“入园贵”的现状。

“车费”涨价，我们该如何买车？

据某媒体报道，2011年9月1日，中国钢铁工业协会党委副书记罗冰生在济南“中国钢铁原燃料市场高峰论坛”上表示，2011年1～7月份进口铁矿石价格大幅上涨37.79%。铁矿石价格大幅上涨37.79%是近年来钢铁、石油等工业原材料都在“马不停歇”地上涨的一个最鲜明的例证。

钢铁、石油等工业原材料都上涨了，汽车行业会不会也“涨”声响起来呢？业内人士分析，汽车价格基本上不会跟着上涨。理由如下：第一，因汽车产销量快速增长产生的规模效益，消化了成本上涨的压力；第二，汽车厂商通过优化生产管理，不断提升了成本控制能力，实现了挖潜降本。

果不其然，2011年上半年，汽车价格基本没有跟涨，一些品牌反而频频出现一些打折促销的“反常”活动。为什么说是“基本没有跟涨”呢？这是因为有少量品牌还是上调了部分产品的价格，如2011年3月份宝马就对“5系GT”、“7系”以及“X系列”的部分车款进行了调价。

2011年上半年，汽车销售的整体形势可以说是不容乐观。据国家统计局相关数据显示，2011年上半年，社会消费品零售总额85833亿元，同比增长16.8%。其中，汽车类增长15.0%，增速比上年同期回落22.1个百分点。这就意味着买车的人少了许多。其中，2011年5月份，全国汽车销量同比下降3.98%，但宝马、奥迪、奔驰分别同比增长51.1%、44.6%、43.1%。真的是西边日出东边雨，有人欢乐有人忧啊！

汽车类的销售增速为何会回落呢？国家统计局是这样回应的：汽车销量减少主要是国家宏观调控的结果，也是部分刺激政策退出后市场的一种正常反应。

除了政策调控、刺激政策退出这两个原因之外，也有一些人认为，汽车类的销售增速之所以回落，与2011年的油价上调有关。换言之，政策调控、刺激政策退出、油价上调，都是导致2011年车市疲软的主要因素。

汽车市场究竟疲软到什么程度呢？据业内人士披露，2011年4月甚至出现了27个月来的首度销量负增长，5月、6月、7月也未见好转。

但就是在车市如此疲软的情形下，各地的宝马4S店纷纷接到了厂家下发的涨价通知：自2011年7月起，宝马进口车型“X系列”中的X1、X5、X6将再次上调售价。其中，X1上浮4000元左右，X5、X6大多上浮1万元左右。涨幅最高的是本身售价就比较高的X6M，从216.8万元涨到了219万元。

国酒茅台曾经引领了高档白酒行业的新一轮涨潮，豪华车宝马价格的上调，会不会导致整个车市价格的上扬呢？业内人士认为，这种可能性很小。原因如下：第一，汽车还未成为“被投资”对象，仍保留着相对典型的工业化商品的属性；第二，汽车市场已是供大于求，这便从根本上决定了汽车不会涨价。

尽管专家如此说，但宝马售价及油价的上调，还是影响到了一些购车人的心理，尤其是油价的上调，对有购车想法的人影响最大。李先生是北京一家建材公司的销售员，由于工作原因，他早就想买一辆车了，可一听到汽油不断涨价的消息，他又有些犹豫了：“是买还是不

买呢？”

与李先生不同的是张先生，张先生上个月已经买了车，但他却说自己的车买贵了。张先生说，当时买车时，只考虑到车本身的价格，没考虑到“美容费”、停车费、车险等一系列额外费用，等买完车之后，才知道还有杂七杂八一大堆费用等着他来付。

交完车款之后，张先生就开车逛了一些汽车美容用品店，因为快冬天了，他想给自己的爱车配一个冬用汽车坐垫。可货比三家后才发现，与去年同期相比，冬用汽车坐垫价格普遍上涨了20%。看上眼的坐垫都超过了1000元。

“汽车价格没涨，一个小小的垫子为何涨得这么快啊？”张先生不解。汽车美容用品店的销售人员告诉张先生，近期纯毛坐垫、纯棉座套的价格之所以都涨了两三成，主要是由于上游原材料价格的上涨以及相关产品的脱销……

从一家汽车美容用品店出来，张先生去开车时，停车场的管理员却向他收10元的停车费。

“咋这么贵啊？停车费也涨了？”

“是啊，你不知道，北京从2011年4月1日起三环内所有停车场全部涨价到每小时10元，连续停第二个小时15元，以此累计，停的时间越长，收费就越高。”

“哎，早知道养车这么费钱，我就不买了！”

车价没涨多少，“车费”却涨了，相信很多“有车族”为此而纠结。在此，笔者教你几招省钱养车的绝招。

1. 选择小排量汽车

买车时不仅要考虑价格，要货比三家，更要考虑车辆的类型和排量，最好选择小排量汽车。因为虽然现在国际油价下跌，但国内的油价依然居高不下。即使有一天跌下来了，说不定哪天又蹭蹭地涨上去了。所以，要想长期省油钱，就得选择小排量汽车。

2. 选择销售淡季时买车

打时间差，最好在汽车市场的淡季买车。这样，就能与卖家多砍价，在车钱上省一笔。但如果买二手车，则千万不要选择淡季。因为新车市场冷淡，表现在二手车市场的则是乘数效应。

3. 网上定购车用物件

买车后，如果想给车来个美容，可以从网上淘一些车用物件，比如坐垫、脚垫等。通常，网店同类商品的价格要比实体店便宜很多。比如一套纯毛坐垫，在实体店可能要花1000多元，而在网店只花800元左右就可以搞定了。

在当前物价不断上涨的情形下，是否买车，要根据自己的实际需求与收入情况而定，一定要量财而行。否则，就会出现买得起车，却养不起车的被动情况。此外，买车时，除了要货比三家，还要做到心中有谱，“我要买什么价位的车”，并根据这个价位看车。否则，就有可能被销售人员忽悠，而买了高价位的车或多花钱。

品牌大肉包涨价，我们是少吃还是不吃？

俗话说：“好吃不过饺子。”除了饺子，对于中国人来说，最爱吃的莫不过于包子了。不论是南方人爱吃的小笼包，还是北方人爱吃的大包子，包子总是给人唇齿留香的味觉享受。

刘艳玲祖籍河北，在南京上完大学后选择了留下，现为南京一所中学的语文老师，并且找了一个南京的老公，将小家安在了南京。一晃的时间，她已在南京生活了10多年，可她还是喜欢吃面食，特别是喜欢吃肉包子。但由于工作忙，没时间自己做，所以她一直在外面包子铺买包子吃。前几天她去买包子时，发现肉包子涨价了，由原来的1元一个涨到了1.2元一个。

普通小店的包子贵了，老品牌包子铺的包子也涨了吗？刘艳玲跑了南京比较有名的几家包子铺，发现所有包子铺都不约而同地涨价了。其中，苏果、金润发、刘长兴的大肉包都从1.5元一个涨到了1.8元一个，涨幅最大的是金陵大肉包，竟然涨到了3.5元一个！

所有包子铺的包子都涨价，这让刘艳玲非常吃惊：“包子都涨了，馒头肯定也会涨，看来，以后每个月的生活费要增加不少了。”

最让刘艳玲难以理解的是，金陵大肉包竟然涨到了3.5元一个？

金陵大肉包为啥能卖3.5元一个呢？据业内人士分析，其涨幅最大可能与制作成本有关，比如一个金陵大肉包重170克，扣除卤汁，馅料约为45～50克。不过，刘艳玲对此说法并不能接受，她说：“用料再好，不就是一个肉包子吗？”

肉包子作为一种快速消费品，它的价格波动必然会影响老百姓的生活，引发老百姓的不良心理，如抱怨、不平等。但会不会有人就此不买了呢？

为此，相关部门进行了调查，结果显示，仅有14%的受访者表示“只要品质好，会继续购买”；16%的受访者表示“将减少购买”；选择“干脆不买”的人占到了47%。由此可见，肉包子涨价既直接影响了老百姓的生活质量，又可能间接影响商家利益。因为涨价有可能导致购买力下降，从而影响商家的销售量。

这一点，商家想到过吗？肯定想到过，但为什么还是要冒如此大的风险去涨价呢？业内人士分析，商家肯定是迫于无奈，因为成本上涨太快了。

拿人工成本来说，原来请一个师傅一个月付1000多元的工资就行了，但现在却需要3000多元。从原料成本来说，原来猪肉每公斤18.8元，现在已涨到了每公斤28.45元。这样算下来，每个大肉包仅用料成本就达到了1.2元，更别提不断上涨的房租以及水电支出了。

经过业内人士的一番分析，相信很多人都明白了：商家的涨价理由，无非是原料、人工等成本都上涨了。商家把制作包子的上涨成本转嫁给了买包子的人，那买包子的消费者应该怎么办呢？

笔者倒有一个不错的主意，那就是自己动手包包子。通常，比起外面买的包子，自己包的包子既干净又好吃，还可以根据自己的喜好调整口味。如果不会包的话，可以请教妈妈或邻家大妈。虽然学起来麻烦些，但却可以在最省钱的情况下吃到最美味的包子。

对于商家，笔者建议最好不要随便涨价，而应该在经营与管理方面

多做文章：

1. 不断进行产品创新与开发

比如，开发鸡丁包、虾包、素菜包等。这样既能让消费者有更多选择，又能增强企业的抗风险能力。一举两得，何乐而不为呢？

2. 搞一些让利于顾客的活动

如果非涨价不可，就要经常搞一些让利于顾客的活动，比如买5个肉包子送1个素包子。只有让顾客尝到甜头，才能留住顾客，增加自己的竞争力。

3. 加强内部管理，降低制作成本

通过开源节流等方式，来进一步降低制作成本，不要一味把上涨成本转嫁到消费者身上，这样才能增加销售量。

总之，包子、馒头等面食作为居民每天都要消费的快消品，商家在考虑自己的生存与利益时，也要多考虑消费者的感受，千万不能像有些产品那样涨了又涨。否则，老百姓真的会少买或不买包子了。那样的话，最倒霉的还是商家。

四面“涨”歌，衣服为何也跟着凑热闹？

与男人相比，天生爱美的女人更爱逛街购物，一不小心就成了“购物狂”。冰冰自从大学毕业上班后，经常周末去逛街。每次逛街不买点什么，她心里就觉得空落落的。

这天是周六，冰冰拉着男朋友去逛街。在市区的一家商场内，她看上了一款粉色内衣，可价格有些小贵：一件小小的内衣，商家竟然标价320。

男朋友看她实在喜欢，就对她说：“喜欢就买吧！”

“买！”冰冰一咬牙，也决定买下了。但等男朋友付完款，她就有些后悔了。

“冰冰，你都买了什么啊？”刚买完内衣，冰冰就听到有人叫自己。

冰冰一回头，见同事蒙蒙也来逛街了。

“刚买了一件内衣，就遇到你了。”

“内衣，在哪？我看下。哇，撞衫了，跟我去年买的一模一样。你买的多少钱？”

“320呢！”

“320？涨了哟！原来我买的时候是280！现在什么都涨，内衣也跟

着凑热闹啊！”

本来冰冰就觉得这件内衣有点贵，听蒙蒙这么一说，就更觉得自己“吃亏”了。看来，以后再买东西，一定得小心些了。

“何止是内衣，我想给我老公买件羽绒服，逛了一圈才发现，原来四五百元的羽绒服，现在都上千了！”

“看来，我们还是少逛街吧！”

“就是就是！咱们那点工资是经不起花的。不然，只能当‘月光族’！”

“不过，今天我得看下秋装，我想给我老公买件秋天穿的外套。冰冰，给我当参谋去！”

“行，一起去看看！”

……

“天哪，怎么这么贵。”

“是啊，你看这件长袖格子衬衫299元！”

“那件外套呢，哇，1049元。两件加起来的钱都快赶上买一件家用电器了，不买！”

“不买？那你老公穿什么啊？”

“凑合着穿吧，反正他有好几件秋装了，等换季便宜时再买！”

“这倒是个不错的主意。”

如果有衣服换着穿，确实没必要急着买新衣；但如果家中的衣服不多呢，那就必须买了吧？但现实是，衣服涨价了。

衣服涨了多少钱呢？据相关部门的统计数字显示，2011年6月，衣着类价格同比上涨2.1%。其中，服装价格上涨2.3%，鞋子价格上涨0.5%。

现在的衣服为何涨得这么多呢？业内人士把原因归罪于棉花涨价，因为棉花是服装的主要原材料之一。

棉花的价格是何时涨的呢？笔者查阅相关资料后发现：2010年，棉价延续了2009年的涨势，其中棉花成交价已达到了2.5万元/吨，相比

2009年增长了近80%，创11年来新高。而最高的时候，棉花报价超过了2.7万元/吨。

棉花涨价的主要原因是什么呢？一是产量下降，2008年棉花的低价位使得一部分农民放弃种植棉花，这就造成近两年棉花产量持续降低；二是需大于求，以2010年为例，国内棉花需求约在1100万吨左右，但是实际供给只有700万吨。此外，游资炒作也是棉花涨价的原因之一。

但是，自2011年3月中旬以来，我国棉花价格一直处于下跌状态。8月初，中国棉花价格指数显示棉价为19716元/吨，已跌破19800元/吨的收储价。

在棉价暴跌的情形下，以棉花为原材料的服装为何还是涨了这么多呢？很多人对此不解。业内人士分析，这主要有以下几大原因：

1. 受棉花价格上涨的滞后影响

尽管2011年棉价暴跌，但由于去年棉花价格上涨太快，一些棉企大量囤积棉花，到现在还处于消化库存的阶段，因而导致产品价格上涨。除棉花外，纽扣、针线等各种原材料都有所上涨。

2. 受人工成本上涨的影响

为留住有经验的老工人，一些服装企业在物价上涨的情况下，不得不给工人加工资。否则，就会面对订单多而人手不够的问题。

3. 受运输、店面费上涨的影响

随着国内油价以及房租的上涨，一些服装企业的运输成本、进店费用、租金每年都以1万元左右的速度增长。同时，各种物业费、税费等都在不断上涨。而所有这些都要均摊到服装成本里，衣服的价格也就跟着上涨了。

4. 受汇率变化的影响

有业内人士认为，服装价格上涨，主要原因并非棉花、人工等成本涨价，而是因为欧元对人民币的汇率变化以及整个市场的通货膨胀。

对于服装涨价的原因，大部分消费者认为，是商家想多赚钱的伎

俩。棉花涨价是事实，但这种变动真正传导到服装价格上的并没有多少。服装涨价是商家的一种营销手段，比如很多商家把衣服定价千元以上，再打折扣销售，让消费者误以为赚到了而毫不犹豫地掏钱购买，这样商家就可以多赚钱了。

但不管是跟风，还是迫于成本压力，抑或是想多赚钱，服装价格确实涨了很多。如果服装还是继续涨价，爱美的美眉们要怎么办呢？一些人会说，去服装批发市场买吧！但批发市场上的衣服可不一定会便宜哦。

笔者在上海工作的大学同学经常去七浦路买衣服。七浦路是上海最出名的服装批发市场，相当于北京的动物园批发市场。但同学告诉笔者，她前几天去七浦路，发现那里的衣服也上涨了差不多50%。

“怎么这么贵？”同学对批发店老板抱怨道。没想到店老板居然像看外星人似的盯着她看，然后十分不解地对她说：“小姐啊，你难道不看新闻？不知道去年的棉花价格已经创下了历史新高吗？”老板想当然地把服装上涨的原因归罪于了棉花涨价。

不管是不是棉花推高了服装价格，但服装价格涨了却是一个不争的事实。看来，爱美的美眉们确实需要在如何买衣上下一番工夫，好好琢磨下如何才能既买到靓装，又少花银子。

在此，笔者倒有几个建议：

1. 打季节差

对于高价的品牌服装，美眉们可要耐心等待哦。因为比较贵的品牌服装，一般应季时不会卖断号，不妨等到打折时再出手，那样就能花最少的钱买到最心仪的品牌服装了。

2. 改变“穿衣观”

如果你想在众多美眉中脱颖而出，可以改变一下“穿衣观”——少穿品牌服装，多穿时尚服装。因为品牌服装易过时，而款式时尚的非品牌衣服既便宜，又不易与他人撞衫。等过时了，扔掉也不可惜。

3. 拼团购买

既可以与几个同事，也可以在网上找一些人，大家约好去某批发市场团购服装，这样就易与商家砍价，从而节省银子。当然也可以上淘宝网、京东商城等网站淘衣服。

服装价格上涨，服装店老板会多赚钱吗？

笔者一个中学同学在北京动物园批发市场做服装生意，他告诉笔者，五年前他开始做服装生意时，利润空间在六成左右。但随着场地租金、运输费、工人工资等成本不断上涨，现在的利润空间越来越小。再这样下去，只能改行了。

服装价格上涨，服装制作企业会赚更多钱吗？

业内人士分析，服装价格整体上涨之后，品牌服装还是能多赚钱的。以安踏为例，摩根大通预测安踏2010～2012年的纯利润率将达到19%～20%。2010年上半年，安踏毛利率高达43.7%，同比增长了2.2%，而净利润率则同比增长了25%。

服装价格上涨，对淘宝商家有何影响呢？

梅雪是淘宝五钻内衣卖家，她认为，与大品牌相比，淘宝直销的小品牌服装更容易受到棉花涨价的连带影响。因为他们的进货渠道主要是北京动物园、上海七浦路等服装批发市场，衣服的批发价格通常很便宜，但近期也涨了很多。即便如此，还是有一定的利润空间的。这也是很多人看好淘宝生意，并趋之若鹜的原因所在。

综上所述，服装价格上涨后，不论服装制作企业还是服装销售商家，都多多少少地受到了影响，但都有利可赚，只不过赚多赚少而已。但对于老百姓，特别是中低收入的消费者来说，就有些承受不了了。

第四章　物价上涨，政府如何打响调控战?

民以食为天，食以稳为安，物价上涨可以说是关系民生的头等大事。而2010年以来物价不断上涨，既刺激着中低收入群体的神经，也引起了各级政府及相关部门的高度重视。

为管理通胀预期及调控物价，相关部门出台了一系列举措，如实施稳健的货币政策、发布“限购令”、上调最低工资标准等，千方百计地控制物价，来保障老百姓的“菜篮子”，减轻老百姓的生活压力，提高老百姓的幸福指数。

物价上涨，刺痛了谁的心？

周六下午，刘圆圆从单位早出来一会儿，因为婆婆今天从老家过来，圆圆老公要去火车站接老人，买菜做饭的任务自然就落到了圆圆身上。

可圆圆在菜市场转了一圈，发现1元左右的菜就没几样，大部分菜都在2元左右。丝瓜、豆角等每斤都在2.5元以上。最后，圆圆买了几样青菜、一条鱼，打算再买点肉，够一餐吃就可以了。因为家里没冰箱，再说现吃现买还能吃新鲜的肉。

在一个肉摊前，圆圆停了下来，她发现有好几个人在买肉。由于人家都比她买的多，她就没好意思与人家争着买，而是等人家买完了再买。

"你要多少？"肉贩子问。

"半斤就可以了！"圆圆说完就拿出了钱，准备付钱。

可等肉贩子称完，却是8两。

"我只要半斤肉，你怎么给称了这么多？"

"不可能你要多少，我就给你称多少吧。哪那么准啊！"

"你这人怎么这样，我就要半斤就可以了，多一点儿也不要！"

一看圆圆这样较真，肉贩子的脸马上拉了下来，一副别人欠他钱的样子。

“你把多的那部分肉给我割下去！”

肉贩子虽然一百个不情愿，但还是把多称的肉又割了下来。

圆圆交完钱走人，可没走两步，就听见肉贩子在说自己：“哎，多一点也让割下来，嫌贵？吃不起肉别吃啊！哼！没见过这么小气的人！”

圆圆一听这话，就感觉浑身血液好像都要一股脑地狂洒出去。一气之下，她转过身，几步冲到肉摊前，冲肉贩子大喊：“说谁呢！谁吃不起肉了？”

“算了，算了，年轻人不懂事！”另一个肉贩子看到圆圆气呼呼的样子，赶紧过来打圆场。

圆圆本想与肉贩子理论一番，但转念一想：晚上一家人都等自己做饭吃呢。于是，丢下一句“势利眼，狗眼看人低”，离开了菜市场。但这件事却让圆圆郁闷了很多天，每想起此事，她心里总有痛痛的感觉，总是唉声叹气。朋友们都戏称，“都是物价上涨惹的祸”。

2011年以来，各种物品的价格不断飙升，其中食品涨价最为明显，如猪肉、食糖、食用油等，价格都有大幅上涨。民以食为天，食品涨价对老百姓生活的影响最大，既增加了老百姓的生活支出，也增大了老百姓的生活压力。所以，对于物价上涨，特别是食品上涨，普通老百姓的反应最为强烈，有为此烦恼的，也有为此恐慌不安的。

据相关部门的某项调查显示，有68.2%的人认为当前物价水平“高，难以接受”。这当中表现最为突出的就是：日常饮食开支像滚雪球一样越滚越大，人们明显地感觉到了生活压力的加重。

“一点儿菜就花这么多钱。”不少人一买东西就嫌钱不经花，心里就难受。这是人们对物价波动的正常反应。物价，既反映着国家的宏观经济运行，又直接影响着老百姓的衣食住行，可以说是民众感受的“温度计”。事实也的确如此。物价稳定，老百姓生活压力小，就会有安全感与幸福感；物价上涨过快，老百姓心里就不安、就难受。上文中的刘圆圆就是被刺痛的一个。

事实上，物价上涨刺痛的不只是以刘圆圆为代表的普通老百姓，也刺痛了温家宝总理等国家领导人的心。

早在2010年12月26日，温总理就曾经通过中央人民广播电台与网友互动，并坦言："网友同志，物价上涨问题也刺痛了我的心。"物价上涨关系到民生，而温总理的讲话，正体现了国家和政府对民生及物价的关注。

面对通货膨胀问题，政府将如何出招呢？

2011年3月5日上午9时，十一届全国人大四次会议在人民大会堂开幕。温家宝总理在会议上提出了一些平抑物价的建议，这些建议包括：

1.发展生产，特别是农业生产，以保障供给。只要供给有保障了，价格就不会那么高了。

2.加强流通，特别是要加强农产品流通这一薄弱环节。而现在的一些商品或产品的物价之所以高，就是因为流通成本太高了。

3.用经济和法律手段管好市场。加强价格监管，维护市场秩序。这样就能防止乱抬物价、哄抬物价的现象出现。

4.加强地方政府的责任，坚持"米袋子"省长负责制、"菜篮子"市长负责制，房价也由地方来负主要责任。

在十一届全国人大四次会议上，温总理也做了政府工作报告。在报告中，温总理这样指出，要把稳定物价总水平作为宏观调控的首要任务，充分发挥我国主要工业品总体供大于求、粮食库存充裕、外汇储备较多等有利条件，努力消除输入性、结构性通胀因素的不利影响，消化要素成本上涨压力，正确引导市场预期，坚决抑制价格上涨势头。

在报告中，温总理除了重申要强化价格执法，严肃查处恶意炒作、串通涨价、哄抬价格等不法行为外，还提出了要完善补贴制度，建立健全社会救助和保障标准与物价上涨挂钩的联动机制，以此来保障低收入人群的正常生活。由此可见，总理与政府有信心、有决心平抑物价，让人民生活得更幸福！

四面“涨”歌，政府用何“魔法”降伏CPI？

“今天买了5个西红柿、4根黄瓜，个头都不大，却花了10多元钱。”家住北京站附近的陈大妈对邻居摇头叹息道。“看！现在的10元钱就能买这点儿东西，要是以前能买一大堆呢！这日子真让人心慌！”

因为恐慌，2011年3月份，日本地震引发核泄漏，我国多个省市发生了抢盐风波。原来1元一包的盐，一夜之内就涨到2元、10元、15元。尽管相关媒体公开声明，国家的盐储存量很充足，但很多人还是忍不住加入了抢购行动。参与抢购的人没想到的是，才两天时间，天价盐就回落到了原来的价格。

在这场抢盐风波中，为什么会有越来越多的人参与进来呢？这就彰显了某些人的心理承受力太差了。比如，一听物价上涨，就会恐慌“物价上涨，今后的日子怎么过？”若看到别人去买某种可能要涨价的商品，他们自然会跟风去抢购。

如何消除人们的恐慌心理，特别是因物价上涨而引发的恐慌心理呢？这就需要政府及相关部门进行宏观调控，只要消除物价上涨的因素，人们自然就不会恐慌了。至于具体如何做、用什么方法，那就要好好开动脑筋，或集思广益了。

首先，要对症下药，针对每一个不同的成因开出不同的药方；其次，要结合实际情况进行宏观调控。一般来说，面对通货膨胀，政府通常会采取以下对策：

1. 灵活的货币政策

所谓灵活的货币政策，是指有松、有紧的货币政策。至于何时松、何时紧，则要根据经济运行的实际情况而定。主要举措有：提高存款准备金率、提高利率、发行特别国债等。

2. 理顺外汇和汇率政策

为控制物价上涨，政府及相关部门可允许银行间外汇市场交易，让外汇市场分流人民币资金，建立外汇储备基金等。此外，还要通过回购协议调节商业银行的超额储备。可按主动性、可控性和渐进性原则，完善人民币汇率形成机制，以此来保持人民币汇率在合理均衡水平上的基本稳定。

3. 调整税务政策

政府可通过税务政策的制定与调整，来调控过热的市场。比如，通过开征不动产税、遗产税等特殊税种的方式，给过热的房地产市场适度降温。

此外，物价上涨会加剧贫富不均。通常，政府会通过累进税率对分配进行再次调节，从而缩小贫富差距。通过对高能耗、高污染行业提高税收来限制这些行业的盲目扩张。

4. 消除民众对通货膨胀的恐惧心理

物价上涨，受影响最大的就是中低收入人群。因为这类人群收入低，抗风险能力差，最易对通货膨胀产生恐惧心理。政府可通过转移支付，直接对低收入人群进行补贴等措施，来缓解物价上涨对他们的影响，从而消除他们的恐惧心理。

具体到物价飞涨的2011年上半年，政府相关部门都采取了哪些具体的调控举措，来遏制物价的上涨呢？

1. 建立社会救助和保障标准与物价上涨挂钩的联动机制

2011年3月2日，国家发改委等五部门下发《关于建立社会救助和保障标准与物价上涨挂钩的联动机制的通知》，从制度上保障困难群众的基本生活，避免中低收入群体出现恐慌心理。

2. 完善价格政策，打通农产品运输绿色通道

2011年5月10日，国家发改委下发了《关于完善价格政策，促进蔬菜生产流通的通知》，以期降低蔬菜生产流通成本。此通知的主要内容为：在收费站设立专用道口，对整车合法运输鲜活农产品的车辆，给予“不扣车、不卸载、不罚款”和减免通行费的优惠政策。此通知的下发，对保障普通老百姓的“菜篮子”起着积极的作用。

3. 稳定生猪生产，改变猪肉价格过高的现状

2011年6月1日，国家农业部下发《关于做好当前生猪生产有关工作的通知》，提出6项措施来稳定生猪生产。2011年7月27日，国务院办公厅下发《关于促进生猪生产平稳健康持续发展，防止市场供应和价格大幅波动的通知》，要求减缓生猪市场的周期性波动，促进生猪生产平稳、健康、持续发展。这两个通知的下发，有利于改变猪肉价格过高，并“拱”高CPI这一现状。

4. 及时发放价格补贴

价格临时补贴将逐步从原来的不定期发放方式，调整为逐月发放。这将能更及时地解决低收入群体的实际困难。

以上就是国家相关部门推出的有力举措。从2011年8月份消费者物价指数年率来看，这些措施的效果正在逐渐显现。

在国家相关部门重拳出击抵抗通胀时，各地政府又是如何稳定当地物价的呢？

1. 多管齐下

为应对物价上涨，天津可以说是多管齐下，既大力发展了养猪、养鸡等产业，又建造了55万亩蔬菜大棚。同时，天津还推出了对农民和城

市低收入居民进行补贴的举措，即当物价超过政府控制的目标，如每超过1个百分点，政府就补贴中低收入居民5元钱。同时，天津政府还储备了大量物资，特别是保证冬天下雪后大白菜的供应。

2. 调整最低工资标准

面对不断上涨的物价，上海、山西、重庆、浙江等省市先后出台了上调最低工资标准的举措。目前，已经上调最低工资标准的有10多个省市，平均上调幅度在17%左右。

3. 加强市场价格监管

在物价上涨的情况下，如何让普通市民过好日子呢？西安市采取的举措是，加强市场价格监管。比如，密切关注市场上生活必需品价格的变化，引导群众正确合理消费。同时，对市场价格直接干预，及时指导供货商调整向超市、市场提供的货源价格。

由以上我们不难看出，在2011年物价涨幅较大、时间较久的情形下，上到国务院，甚至国家总理，下至省级政府各个部门，都在通力抗通胀。但由于2011年物价上涨的成因复杂，因而2011年抗通胀，不论对于个人还是对于国家相关部门，都是一项巨大的挑战，都任重道远。

控制流动性，消除房价上涨的货币基础

电影《让子弹飞》吸引了很多人的眼球，取得了不错的票房收入，并衍生出一个热门词汇“让××飞一会儿”。结合当前社会的焦点问题——物价上涨，于是就有了“让物价飞一会儿”的说法。这在很大程度上反映出寻常百姓的一种无奈的心理。

北京市大兴区某中学教师吴刚，前几天骑着自行车去大兴区一个新开的楼盘看房。售楼小姐告诉他，开盘均价高达每平方米1.3万元时，这位高大而粗壮的北方汉子是一脸的无奈。

吴老师一家三口挤在一套不足60平方米的一居室里，儿子眼看就要上小学了，为了让他有个安静的学习环境，2009年上半年开始，吴老师有了买房子的想法。但到现在还没买到合适的房子。最让他纠结的是，近来房价涨得太快了，才几个月的工夫，房价就从每平方米1万元飙升到了1.3万元。

房价什么时候能降下来呢？恐怕没有人能给出确切的答案。因为房价的起落不是某一个人想控制就控制的，而是要靠市场的自我调节和政府的宏观调控。

2011年物价一路走高，很多人都把罪魁祸首归于房价太高。因而，

有人认为，要消除物价上涨，应该从房价入手，先把房价调控下来。

为何消除物价上涨要从房价入手呢？这得从货币超发开始说起。

众所周知，货币超发是物价上涨的一大推手。但货币为什么会超发呢？一个原因是外币占款比例过大；另一个原因是信贷增长过快。信贷增长过快既包括个人贷款增长过快，也包括跨国性大公司和大型民营企业的贷款增长过快。

个人贷款主要是用于买房，跨国性大公司和大型民营企业贷款主要也是用于自己的业务向房地产相关行业靠拢，比如炒房、经营建材企业等。因为投资这些业务，不仅投入本金少、赚钱多，而且易贷到款。但过多的贷款必然导致国家的信贷增长过快，从而导致货币超发，间接导致物价上涨。

此外，国际经济交流中心咨询研究部副部长王军还认为，货币投放过多会导致资产价格，特别是房地产价格上涨过快，直接导致消费价格中的居住类价格上涨，并驱动人工成本上涨。而人工成本上涨又导致服务业以及一些企业成本的上升，从而推动一些商品价格的上涨。鉴于此，如果能抑制高房价的话，肯定会有利于物价稳定。

关于房价的调控，温家宝总理认为，当前最重要的是各项政策措施的落实。对于中央来讲，就是要加强对地方落实房价调控政策的检查力度，真正实行问责制。同时，密切跟踪和分析房地产市场发展的形势，进一步研究有针对性的宏观调控措施。对地方来讲，就是要认真落实房地产调控的责任。比如，首先要公布政府调控房地产的政策和房价控制目标。

温家宝总理指出，要四管齐下，重拳出击。具体举措包括：控制货币的流动性，换言之，就是要消除房价、物价上涨的货币基础；运用财政、税收和金融手段来调节市场需求；加强地方政府的责任，无论是物价和房价，地方政府都要切实负起责任来；加快保障性住房建设，2011

年再建保障性住房1000万套。保障性住房除了棚户区改造以外，主要用于公租房和廉租房。

在此之前，国家相关部门还出台了一系列房地产调控政策，比如限购政策。从2010年5月1日起，北京家庭只能新购一套商品房，购房人在购买房屋时，需要如实填写一份《家庭成员情况申报表》。如果发现用虚假信息骗购住房的，将不予办理房产证。这是全国首次提出的家庭购房套数的"限购令"。

由于"限购令"对二三线城市没有过多限制，所以"限购令"发布数月后，相比一线城市，二三线城市的房价呈现出较快上涨的趋势。同时，导致北京、上海等一线城市的租房价格大幅度上升。不久之后，政府将"限购令"政策扩及到了二三线城市。

"四管齐下"再加上"限购令"扩及二三线城市的政策，效果到底如何呢？房价真的降了吗？

让我们来看一组数据。据2011年6月份70个大中城市的房价指数显示，在持续调控了一年多后，70个大中城市的新建商品房价格环比上涨了0.1%，涨幅缩小了0.06个百分点。这是房价涨幅在4月份小幅扩大后，连续两个月持续收窄。

尽管很多人对"限购令"存有质疑，并戏称其为涨价令，但由以上统计数据我们可以看出，2011年上半年全国楼市成交量增速放缓，前期房价过快上涨的趋势得到了遏制，部分一线城市的房价出现下降，大多数城市的房价环比涨幅收窄。

据青岛市建委2011年9月6日公布的消息显示，8月份青岛市新房成交8230套，成交面积80.5万平方米，成交套数、面积环比分别下降8.4%和8.2%，是青岛市实行限购政策以来第一次出现成交量环比下降的月份。这也意味着"限购令"起作用了，尽管没能让房价大幅度下跌，但起码遏制住了上涨趋势。

总之，房价是推高物价的主要推手之一。要想稳定物价，国家相关部门必须设法遏制房价上涨，并设法让房价一降再降。只有这样，那些真正需要房子的人才能买得起房子，寻常百姓才能安居乐业。

稳健的货币政策，何以能遏制物价上涨？

利用午休时间，小刘去了一趟超市。回来后就冲同事抱怨："完了，完了，200多元就这么完了！"

"怎么，丢了？"

"没丢！"

"没丢你怎么说完了？"

"花完了！这么一点破东西，就花了我200多！原来也就100多一点就搞定了！哎！"

"那就是东西涨了点呗！有什么可奇怪的，又不是世界末日。"

"东西可不是涨了一点啊。与10年前相比，有些东西涨了近1/3……照这个涨法，我们挣的工资都供不上花销了，那不比世界末日还可怕？！"

"这倒是，听说现在国内物价已经赶超美国了。我一朋友在美国留学，与同学联手做了一次实地物价调查。结果发现，在21种商品的价格中，杭州有12种商品贵过了波士顿……"

"那也不能说明中国物价比美国高吧，只能说明部分商品比人家高！"

“不管是不是比美国高，反正现在的物价比我们小时候高多了！”

“这一点我绝对同意！”

……

物价大幅上涨，政府如何应对呢？为了控制价格总水平，实现国家确定的物价控制目标，国家出台了一系列相关政策进行调控。比如政府决定控制货币的流动性，并用金融手段来调节市场需求。

政府为何要控制货币的流动性呢？这是由于物价上涨的一个主要原因就是货币的流动性过于宽松，可以说控制货币的流动性是遏制物价上涨的关键。

我国为什么会出现货币的流动性过于宽松的情况呢？究其原因，我们不得不提近年来发生的国际金融危机。为应对国际金融危机，国家相关部门出台了总额4万亿元的投资计划，大幅增加货币供应规模。当然，这并不是一个万全之策，而是比较生猛的对策。这样做虽然为应对危机冲击提供了充足的“弹药”，但却造成了另外一个严重的后果——国内货币的流动性充裕，导致物价不断上涨。

国内货币的流动性充裕又是如何推动物价上涨的呢？这需要从以下三方面来理解：

第一，宽松的货币政策，让国内的新增贷款增多。比如，2009年新增贷款规模接近10万亿元，2010年新增贷款规模接近8万亿元。从经济学角度分析，当大规模的货币供给注入到实体经济中时，必然会引发一定程度的通货膨胀。

第二，宽松的货币政策，也会给游资提供炒作机会，让他们借势、借题炒作，炒高某些商品的价格。比如，白糖、绿豆、棉花等农产品，导致农产品成为了物价上涨的重要推手。

第三，宽松的货币政策，让境外“热钱”大量流入。仅2010年新增外汇占款就达3.27万亿元，比上一年增加32.4%，“热钱”净流入355亿美元，比过去10年平均多42%。

在国内货币的流动性充裕推动物价上涨的因素中，有两个关键词：一个是“热钱”；另一个是外汇占款。

所谓“热钱”，是指为追求高回报而在市场上迅速流动的短期投机性资金。“热钱”与正当投资的最大区别在于，“热钱”以纯粹投机为目的，既炒作股票、期货、原油、黄金、货币，又炒房地产、农产品。境外“热钱”流入多，外汇占款就多。

所谓外汇占款，是指国家银行为收购外汇资产而相应投放的本国货币。简单地说，就是国家为了换外汇，要投入的人民币资金。

为何外汇占款多，就会加大物价上涨的压力呢？打个比方，商品的价格犹如船，货币就像水，水涨自然船就高。同理，外汇占款多与物价上涨的关系，亦是水涨船就高的关系。

由以上三点我们不难看出，宽松的货币政策直接导致货币的流动性过于宽松，而货币流动性过剩是近来推动物价持续上涨的一个不可忽视的因素，甚至会进一步诱发资源消耗性行业投资和金融投资的冲动。

如果改变宽松的货币政策，实行紧缩的货币政策，就能有效遏制引发物价上涨的不利因素，从而稳定物价。为此，政府相关部门明确要求，要将稳定物价作为货币政策的首要任务，并将政策取向从适度宽松调整为了稳健。

其内容主要包括：把好货币流动性的总闸门，引导货币信贷总量合理增长，保持合理的社会融资规模；根据经济金融形势和外汇流动的变化情况，综合运用利率、存款准备金率和公开市场操作等价格和数量工具，保持银行体系流动性的合理适度；继续优化中小企业金融生态，多方面拓宽中小企业融资渠道；实施差别化准备金动态调整措施，引导货币信贷平稳适度增长；落实差别化住房信贷政策，推动房地产金融健康发展；大力推进农村金融产品和服务方式创新，全面改进和完善对“三农”的金融服务；坚持“区别对待、有扶有控”的原则，加强信贷政策指导，着力引导和促进信贷结构优化。

在这几项举措中，如何把好货币的流动性总闸门是重中之重。为此，相关部门对症下药，开出了“收”、“疏”、“堵”并举的处方。

所谓“收”，就是减少货币供应量，提高存款准备金率以及加息。中国人民银行先后于2011年2月9日、2011年4月6日上调了金融机构存贷款基准利率，各大金融机构一年期存贷款基准利率分别上调了0.25个百分点，其他各档次存贷款基准利率及个人住房公积金贷款利率也作了相应调整。

所谓“疏”，就是引导资金流向。这就需要国家大力优化信贷结构，使货币流向重点领域和薄弱环节。比如，引导资金投向战略性新兴产业、节能环保产业、现代服务业、科技自主创新领域等。

所谓“堵”，就是严控境外“热钱”的流入。比如，进一步完善人民币汇率形成机制，建立“热钱”流入的预警机制，加强对国际资本进入途径、投资规模和投向的监测。这样，才能最大限度地减少“热钱”的流入，从而减少物价上涨的诱发因素。

政府的一系列调控政策取得效果了吗？当然是发挥了积极的作用。比如，2011年5～6月期间，中国广义货币供应量增速分别回落到15.1%和15.9%，回落到了年初确定的目标。这意味着货币的流动性减少了，而流动性减少无疑对物价稳定发挥着至关重要的基础性作用。

多省工资上调，能控制CPI的高涨吗？

如果你问普通百姓，在物价涨幅如此大的今天，最大的心愿是什么？相信大部分人会说："希望物价不再涨，工资能像物价一样涨！"

在物价飞涨的时代，你涨工资了吗？

国家"十二五"规划曾提出：城乡居民收入增长与经济发展同步，要达到7%以上。如何达到7%以上呢？人力资源和社会保障部副部长杨志明认为，"十二五"期间要努力实现最低工资标准年均增长13%以上，职工工资增长15%，5年实现职工工资增长翻番。

但是，涨工资能控制CPI的高涨吗？

自2011年我国物价大幅攀升，第一季度达到了5.4%。如此高的CPI意味着什么呢？暨南大学经济学院教授韩兆洲认为，这意味着寻常百姓一年期存款收益为负数。

韩兆洲教授何出此言呢？当然是"言"出有因，因为CPI的高涨意味着居民的实际收入减少，生活成本增大。在这种情形下，各级政府纷纷出台提高最低工资标准政策以及决定采取提高工资的措施，无疑是雪中送炭。

当然，还有专家认为，涨工资不能从根本上缓解通货膨胀压力。因

为通胀是由多方面的因素引发的，如输入型上涨，受成本在内的各种宏观经济因素所推动，而上涨工资并不能改变宏观因素，也不能决定实际工资及收入水平的高低。

除以上两个观点，专家们还有如下观点：

1. 工资不能与CPI直接挂钩

有专家认为，与CPI直接挂钩硬性推动工资上涨，会导致更严重的成本推动型通胀，从而推高CPI。因为工资上涨会促使物价上涨的螺旋式上升。

专家们的担心绝非杞人忧天，他们的说法当然也不是危言耸听。因为美国在20世纪70年代就曾陷入物价、工资的螺旋式上升的恶性循环中，并最终导致了恶性通胀。

2. 工资可以与CPI直接挂钩

也有专家认为，只要掌控好、操作好，比如确定好工资涨幅基准线、明确好目标人群，就不会因工资的上调而导致物价螺旋式上升，更不会发生恶性通胀。

3. 涨工资要考虑综合因素

事实上，工资是个人对社会贡献度的货币化反映，提高工资水平应以GDP增长、劳动生产率增长等为充分必要条件，同时考虑物价上涨因素。但不能简单地认为，工资与物价直接挂钩就可以摆平一切，而应该从更加宏观的层面看待工资变动问题。

由此可见，对于工资应不应该涨，涨工资是否有利于控制CPI的高涨，专家们是各执一词，分成了两派。

但在物价不断上涨的情况下，不涨工资老百姓怎么活？特别是那些中低收入者，有的人已经多年没涨工资了。如果你对此严重质疑的话，你可以看下全国总工会近期的一项调查。据此调查显示，被调查对象中23.4%的职工已经5年没有增加过工资，而工资收入占GDP比例也已连降了22年。由此可见，老百姓的工资还是应该涨的。

老百姓的工资到底如何涨呢？对此，很多专家都表示，居民的工资涨多少、怎么涨，必须全面衡量工资、经济增长和物价三个因素，合理加薪。而5年实现职工工资增长翻番之说，则有待论证。

如何合理加薪呢？目前沿海地区加工企业的做法，大多是贴着最低工资标准给员工定“底薪”，当地最低工资标准涨多少，工人的工资就涨多少。可见，所谓的合理加薪，是上调最低工资标准。

给哪些人群加工资才算合理加薪呢？有专家认为，由于物价涨幅大，最受影响的人群是低收入者、一般员工、一线员工和基层员工。因而，相关部门在考虑目标群体的时候，一定要多考量一下这几个群体。而且这几个群体的工资在产品成本构成中的比例比较小，上调这部分人的最低收入水平，通常不会显著影响企业的成本，从而避免成本推动物价型通胀的情形出现。

此外，中国劳动学会薪酬专业委员会会长苏海南还建议，用“货币工资指数化”的方式上调工资。

什么是“货币工资指数化”呢？这其实是国际上采用的工资制度，即职工货币工资随物价指数浮动，并按价格指数自动调节的工资制度。关于工资指数化可从两个方面理解：第一，全部指数化，即将所有人的收入与物价指数变动相联系；第二，部分指数化，即将部分人的收入与物价联动。

在一片“涨”声中，多省市开始上调最低工资标准，一些人的工资终于上涨了。在此轮“加薪潮”中，江苏可以说是一马当先。之后，北京、广州、上海、山西、重庆、浙江等省市也纷纷响应，先后上调了最低工资标准。

最低工资标准上调了多少呢？当然各省市之间是有差别的，其中北京的月基本工资已由原来的960元调整到1160元，广州的最低工资标准增至1300元，上海由原来的1120元调整到1300元……各省市均上调了17%左右。

你的工资涨了吗？可能多多少少有些上调吧！

57岁的王琴是山东某中学的数学老师，最近她的工资又上调了200多元，再加上她教龄比较长，各种福利加在一起，总工资已有4000多元了。

对于目前的工资，王老师比较满意，她说："虽然现在的物价不断上涨，但我的工资也涨了很多，感觉生活还可以，没什么压力。"

与王老师相比，30岁的张先生就感觉生活压力明显增大了。张先生在一家国营企业上班，虽然单位前不久上调了一次工资，但扣除个人所得税、保险和公积金，每个月能拿到手的工资也就2000多元。通常领完工资不到一周时间，差不多就会花掉一少半工资，接下来的三周就得算计着花。现在又是什么都涨，靠这点工资过日子，真的常常是捉襟见肘。

相信像张先生这样的年轻人为数不少，总感觉工资的上涨幅度不如物价涨得快，也就是说工资跑不过CPI。当然，更有一些年轻人说，自己的工资这几年就没涨过。这可能与他所在的企业经营状况有关，比如一些私企，特别是经营不善的私企，受近几年金融危机的影响，企业本来就在艰难维持，当然也不可能给工人涨工资。这样，一些人的工资可能好几年都没涨了。从这一点来看，工人工资就应该与企业利润挂钩，而非直接和CPI挂钩。

如果企业利润不佳，不给工人涨工资，没涨工资的人怎么办呢？看来，除了上调最低工资标准，国家还得用其他手段增加中低收入者的收入。比如，给予低收入者直接的物价补贴、社保补贴等。这样，才能提高普通老百姓的抗通胀能力。

物价上涨，如何保障老百姓的“菜篮子”？

民以食为天，食以稳为安。但2011年以来，居高不下的物价，特别是食品类价格的一路狂高，让不少人难以心安。蔬菜价格、猪肉价格的走高，就如游乐园的“过山车”一样，揪着寻常老百姓的心：“什么时候，蔬菜价格与猪肉价格能降下来呢？”

周女士今年40岁，在一家公司做财务工作，由于小区附近没有菜市场，平时工作又忙，如果哪天加班晚回来，她只能去超市买菜。但这几天，她有些不敢去超市买菜了，而是每周开车到离小区很远的一个蔬菜批发市场去买菜，一次买一星期的菜。

周女士为何不敢去超市买菜了呢？当然是因为超市的菜价涨得太高了，“蒿子秆8.9元/斤、香菜9.9/斤、茴香5.9/斤，常见的蔬菜都这么贵，真是不让人吃菜了！”

对于超市的菜价之高，周女士是满腹牢骚。但再发牢骚，菜还得吃啊。思来想去，周女士最终决定去蔬菜批发市场买菜。但每周跑那么远，周女士还是觉得不方便，于是偶尔也会去超市看下有没有打折菜或便宜一点的菜。

要想让物价稳定下来，当然需要国家的宏观调控了。而要调控物

价，就要从稳定老百姓的“菜篮子”做起。如何从“菜篮子”做起呢？当然要找到“菜篮子过山车”背后的原因，看下近几年来的菜价涨幅为何如此之大。

事实上，近年来，菜价翻着跟头涨，除了人工成本、肥料价格等种植成本不断上涨外，还与成品油上涨导致的物流成本上涨有关。

据相关媒体的报道显示，到2011年8月份，食品类价格同比上涨高达13.4%，影响价格总水平上涨约4.02个百分点。其中，鲜菜价格上涨0.1%；鲜果价格上涨4.0%，影响价格总水平上涨约0.07个百分点。

由以上数据可见，鲜菜价格上涨0.1%，其涨幅不大。但菜要天天吃，如果每天有几样菜涨几毛，那么一年算下来，老百姓在菜价上的开支就要增加很多了。中高收入者可能感觉没什么，但对于中低收入者来说，生活压力可就大多了。

可以说物价飞涨后，老百姓的“菜篮子”里装的不只是菜、肉，还有沉甸甸的生活、沉甸甸的压力与忧虑。对于相关部门来说，关心民生不如多关心老百姓的“菜篮子”更现实一些，而保障老百姓的“菜篮子”也等于保障了老百姓的生活。

如何保障老百姓的“菜篮子”呢？这当然要从完善农产品供给安全保障机制，确保市场有效供应等方面入手。

1. 加大农业基础设施和公共服务体系建设

比如，加快蔬菜基地建设，加大对生猪养殖公共设施等方面的投入，做好生猪疫病防控。

2. 健全适应市场变化的农产品综合调控体系

比如，稳步提高粮食最低收购价，完善国家粮食储备调控制度，加强对农户、收储、加工、流通各环节的统筹调节，进一步完善猪肉收储政策。

3. 加强农产品市场化配套服务机制建设

加大对农业种植及养殖户的信贷和风险管理服务，对部分条件成熟的产品，适时考虑设立期货交易，分散农产品市场的风险。

4. 加大推广使用技术力度

比如，加快培育生猪出口基地建设，奖励生猪调出大县和农场，加强生猪屠宰与销售环节管理，为规模养殖场和养殖户提供信用担保和保险服务。

面对老百姓“菜篮子”的价格不断上涨，各级政府又是如何应对的呢？为保障老百姓的“菜篮子”，各级政府是八仙过海，各出奇招，先后推出了不同的举措：

1. 制定农产品直销专区补贴政策

南宁市将继续组织各超市、经销商、大中院校加大直接采购力度。比如，在农贸市场、批发市场设置直销专区，让农民直接到该专区销售产品，政府财政在摊位费等方面给予一定补贴。这样，就有利于市场价格的稳定。

2. 建立平价商店

自2011年起，广东省在3年内将投入4.5亿元支持平价商店建设，主要运用价格调节基金对平价商店承租经营场所给予适当租金补贴。目前，全省已建立300多家平价商店，经营范围包括米、油、肉、禽、蔬菜等30多类居民生活必需品。到2013年，将基本形成覆盖全省城市社区的平价商店网络。

当然，为了保障老百姓的“菜篮子”，很多业内人士也纷纷出谋划策：

1. 建立减少、取消菜市场摊位费机制

比如，有业内人士在综合了各方面的因素后，建议逐步减少、取消菜贩向菜市场缴纳所谓的摊位费机制，改由政府公共财政补贴。同时，要设法降低过高的流通成本。现在，我国蔬菜的流通成本已经占到最终菜价的2/3，可以说流通成本过高是蔬菜价格上涨的一个重要原因。

2. 增加临时性补贴

由于菜价受临时性因素的影响较大，特别是恶劣天气的影响，比如台风、暴雨等，菜价都会呈规律性上涨。在此期间，财政可对农贸市场的水电费、摊位费，农产品运输的油费，以及一些极端低收入者进行临时性补贴，稳定物价，保障市民的基本生活。

每个人都想生活得幸福、快乐，而幸福、快乐的生活源于丰足而稳定的物质生活。因而，对于寻常百姓，特别是对于中低收入者来说，最怕的就是物价没谱地上涨。以上介绍的相关部门及业内人士推出的这些举措，无疑在物价上涨和老百姓的生活之间筑起了一道坚实的“防波堤”。相信有了这道坚实的“防波堤”，中低收入者们的心里肯定会少几分不安，多几分温暖。

挑战CPI，如何打赢预期战？

近年来，CPI是一路走高。到2011年8月份全国居民消费价格总水平同比上涨6.2%，虽然比7月份有所上升，但对比一下7月份、8月份相关数据，我们就不难发现，除油脂外，食品中各类价格同比涨幅均出现下滑，对CPI贡献率也均出现不同程度的回落。在食品类涨幅中，最为明显的是鲜菜价格的涨幅，已由7月份的同比上涨7.6%回落至同比上涨0.1%。而飙升37个月的CPI总算比7月回落了0.3个百分点。这显示了国家的调控措施正在奏效。

尽管CPI涨幅有所回落，调控措施见效了，但业内人士认为，抗通胀前景依然不容乐观。因为目前国际经济暗流涌动，输入性通胀和物价结构性上涨的特征较明显，农产品价格上涨可能还会持续。除这些因素外，后期新涨价因素、国际流动性传导等可能还会影响到明年的翘尾因素。再加上9月份在双节以及美国量化宽松的预期下，因而，2011年下半年的通胀压力仍不能小觑。

面对不容乐观的逼人形势，相关部门如何做呢？业内人士建议，要管理好通胀的预期工作。

什么是通胀的预期呢？所谓预期，就是对经济变量未来值的一种

预测，通胀预期就是指经济行为者对未来通货膨胀水平的一种估计或推断。在经济生活中，特别是在货币经济中，各个经济行为者的通胀预期会对当前需求和供给决策产生作用，并以各种方式影响价格总水平。

现在，我们来打个比方。如果你是一名普通的工人，本来收入就不高，当物价飞涨时，你肯定会关心甚至预测它的涨幅。如果你觉得2011年涨幅比较大的话，肯定希望老板涨工资，甚至会主动找他谈。老板在无奈之下给你涨了工资，你的同事也会来找老板。当老板给很多员工涨工资后，会不会提高产品的定价，以此来抵消多支出的人工成本呢？

通常，当企业老板给产品定价时，也会考虑未来通胀的发展趋势。比如，2011年真功夫等一些快餐业都先后上调了产品价格，就是因为一些原材料（如猪肉、鸡蛋等）的价格上涨导致其成本上升了。可见，通胀预期会影响当期价格总水平，或者说通胀预期是导致通胀的重要原因之一。

通胀预期有适应性预期和理性预期之分。适应性预期，即预期是在总结过去经验基础上所形成的，预期将随时间的变化而变化。理性预期学派提出，经济行为者将最大限度地利用可获得的信息，消除产生预期误差的系统性来源，避免为预期误差付出高昂的代价，即经济行为者对未来通胀的预期是理性的。

通胀预期的高低受多种因素的影响，比如，现实通胀率的高低、以往通胀持续的时间、当前经济形势、当前宏观经济金融政策等。

通胀预期是如何驱动价格上涨的呢？一般来说，一旦消费者和投资者形成强烈的通胀预期，就会改变其消费和投资行为，从而加剧通胀，并可能造成通胀螺旋式的上升。比如，当听说股票涨得快，比较赚钱时，一些人就会一哄而上，都去买股票。结果，股票价格就会上升，且上升速度快于存款利率的提升。此时，一些本来没打算买股票的人，就会将存款从银行提出，去购买股票，因为这样他们才能让自己的资产保值，从而对冲通胀。

可见，通胀预期引发的对某产品或资产的需求会直接导致该产品或资产的价格加速上涨。而这些产品或资产的价格一旦形成上涨趋势，就会进一步加剧通胀预期，从而加大购买需求，导致通胀的螺旋式上升。这几年房价一路飞涨，也是由于这个行业比较赚钱，很多人预期房价涨得快，认为有利可图，便一哄而上导致的。可见，管理好通胀预期对于控制物价上涨来说，是至关重要的。

如何管理好通胀预期呢？通常，国际惯用的方法是，为通胀预期找到一个明确目标（即名义锚），把在一定时期达到某一通胀率（或通胀率区间）作为唯一目标，即通胀目标制。通常，通胀目标制可让货币当局利用所有得到的信息来制定货币政策。

但是，由于中国CPI的内涵和结构与美国等西方国家有所区别。比如，美国的CPI中不包含农产品、资源类产品等价格因素，它基本上由工业制成品构成；而中国的CPI就包含了农产品和资源类产品的价格，且所占比重比较高（食品类的比例达到1/3）。在这种结构中，只要农产品中的某一重要类别（如粮食、猪肉等）的价格较明显上扬，就将引致CPI上涨。因而，对于国际惯用的方法不能生拉硬扯或生搬硬套，而是要灵活借用。

在文中，我们提到了货币当局，如果说我国的“货币当局”非央行莫属的话，那么央行是如何看待通胀预期的呢？

在央行发布的《2011年一季度中国货币政策执行报告》中，首次把“稳定物价和管好通胀预期”列为了货币政策的关键。由此可见，央行十分重视通胀预期的管理。但具体到一些细节上，央行又是如何管理通胀预期的呢？

通常，央行在运用提高存款准备金率等货币政策工具的同时，会继续运用利率等价格调控手段，调节资金需求和投资储蓄行为，以管理通胀预期。换言之，利率工具是央行管理通胀的最有效手段。2011年以来，央行通过法定存款准备金率调整、差别存款准备金动态调整、发行

央票、启动正回购、加息以及人民币升值等措施抑制信贷投放规模，调整货币信贷结构，从而加强通胀预期管理。

由于影响通胀预期的因素很多，使用任何一种或几种货币政策工具都不能有效管理好通胀预期。基于这一点，业内人士建议，央行可以考虑尝试通胀目标制的一些做法，比如公布明确的通胀调控目标或范围，并估算出达到目标的期限。

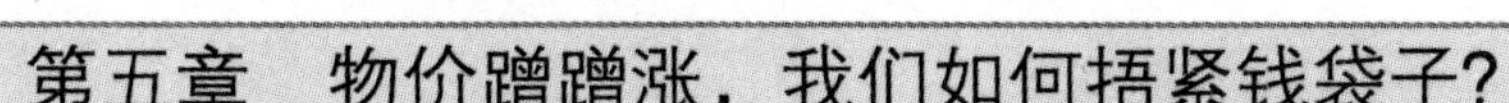

第五章　物价蹭蹭涨，我们如何捂紧钱袋子?

2011年上半年，CPI一路高歌，在一些人抱怨物价太高的同时，一些人开始精打细算过日子。有人做了“抠抠族”，有人做了“账客族”，有人做了“囤囤族”……变着法子开源节流，千方百计省钱过日子。

虽然这些方法能否跑赢CPI是一个未知数，但不争的事实是，在CPI不断上涨的情形下，很多人开始改变消费理念，不再大手大脚地花钱。如果你也想捂紧钱袋子，不妨向邻家大妈与精明的白领们取下经。这样，你就能生活得更轻松、更快乐。

“涨”声响起来，期待不如转变

在2011新年钟声敲响之际，很多人开始闭上眼睛许愿，不少网友许下的是这样的心愿：2011年的物价别再涨了！可是越怕什么越来什么，2011年最“给力”的怕就是不断上涨的物价了。饮料涨价了、方便面涨价了、油涨价了……物价的不断上涨，让人感觉如同“狼来了”一样不安。

家住宁夏银川市的王先生发现，2011年以来，他的日常开支悄然增加，平时洗车、购买衣物、外出就餐的支出明显高于去年。照这样下去，一年多支出5000元是保守的估算。

王先生是一家公司的中层管理人员，属于高收入群体。高物价给他的生活带来的影响是微乎其微的。但对于中低收入者，特别是低收入者来说，物价上涨就等于是伤筋动骨了。

在北京某商场做保洁工作的李大姐就属于中低收入者，她和老公的工资加起来不过4000元，还有一个上中学的儿子。在消费水平比较高的北京，如果不精打细算，这点钱根本不够花。幸好她是北京人，有房子，心态也比较好，她一向认为钱多多花点，钱少少花点，反正日子总得过下去。而她身边与她境况差不多的朋友，则是怨声四起：“涨涨涨，物价怎么老涨啊！”

是的，物价总是上涨，这日子似乎没法过了，即使过也是过得紧巴巴的，总是感觉手头的钱不够花。于是，很多老百姓开始期盼：一盼涨工资；二盼相关部门采取得力举措，能把上涨的物价控制住。

在老百姓的一片期盼声中，一些省市终于上调了最低工资标准。按理说，这样做等于提高了中低收入者的收入。但在通胀时代，即使你涨了工资，收入有所增加，但与因物价上涨而多支出的部分相比，实际收入并没有提高。在这种情形下，中低收入者如果不算计着过日子的话，依然是捉襟见肘。

当然，也有人在期盼：“高涨的物价何时回头啊？”物价在得到抑制后，原来涨价的商品价格能否降下来呢？

由于近几年来物价上涨的原因是复杂的，或者说是多种混合型成因的集中爆发，因而，尽管相关部门采取各种举措予以调控，但在短时间内，高涨的物价依然很难回落到原来的低价位。由此可见，在通胀时代，以变应不变才是睿智的做法。

如何以变应不变呢？最聪明的做法就是转变消费理念以及购物方式。

1. 如果你喜欢购买一些大品牌商品的话，在物价上涨时可考虑更换品牌

以我们常吃的方便面来说，康师傅牛肉方便面提价了，你是吃还是不吃？如果吃，又如何吃呢？是少买吗？

小李是一家广告公司的设计师，晚上加班到12点是常有的事。于是，他就与方便面结下了不解之缘，总是从超市一箱箱地往家拎方便面。他以前老吃康师傅牛肉方便面，但当康师傅牛肉方便面涨价后，他就改吃其他品牌了。对于小李来说，这就是消费理念的转变。

中秋节前，不少人要买礼品送礼，高档白酒通常是大部分人的首选。但在茅台、五粮液等高端白酒掀起涨价潮后，一些人也开始转变送

礼理念了，如张女士。张女士是一家商贸公司的经理，每年中秋节她都要给客户送月饼或白酒。2011年中秋节送什么好呢？以前她总是送客户茅台、五粮液，可现在这两种酒涨得这么高，她就有些心痛了。思来想去，她也像大多数人那样，把目光转向了300～800元的次高端价位的白酒，如洋河、古井贡等中端品牌。

2. 如果你喜欢去大商场购物的话，不妨改去一些物美价廉的平价超市

张小姐是北京一家公司的会计，以前总喜欢去王府井百货等大型商场转转。由于身上常带着银行卡与作用卡，这一转下来，少则几千元，多则上万元就消费掉了。因而，张小姐虽然属于中等收入者，每月有6000元左右的收入，但依然是“月光族”。

眼看着周围朋友都买了房子，张小姐在羡慕之余，开始有了精打细算地过日子的想法，可偏偏此时，物价又不断上涨。无奈之下，张小姐只得在消费方式上做文章，比如她现在不再逛王府井百货等大型商场，如果买日用品，她会选择物美、京客隆等平价超市；买衣服就去大红门、动物园等服装批发市场。

这样坚持了半年后，张小姐细算了一下，与去年同期相比，她少支出了1万元。就这样，在物价不断上涨的时代，因为转变消费理念与消费方式，张小姐却省下了不少生活成本支出，有了一笔不大不小的存款。

3. 节流很重要

在物价上涨时代，生存压力严峻，很多年轻人往往把赚钱摆在第一位。事实上，对于刚参加工作不久的中低收入者来说，最重要的还是节流，即规划好自己每个月的支出。在赚钱有限的情况下，年轻人应量入而出，可以暂时将开源排在第二位，节流放第一位。平时，要考虑如何才能省钱，怎么省钱怎么花。

4. 学会“到香港打酱油”

*N*年前，如果你经过繁忙的深圳罗湖口岸，就会发现有很多人到深

圳采购日用品。现在这种现象已经逆转，精明的深圳人开始到香港购物，而他们大包小包背回来的不是名牌衣服或化妆品，而是油盐酱醋、洗涤用品和婴儿奶粉等日常用品。因而就有了国人“到香港打酱油”之说。

深圳人为何“到香港打酱油”呢？当然是为了省钱。根据目前的汇率，一瓶500毫升李锦记生抽酱油在香港售价5.95元，而深圳超市的价格是6.6元。

“要不要去香港打酱油？”这当然要看个人意愿。不过，“到香港打酱油”这一流行语意味着人们的消费方式在转变，同时，这也是一个行之有效的省钱之道。

事实上，不只个人，如果生产企业与产品经营者也能根据物价上涨的情形不断调整自己的经营策略，同样会收获不菲，特别是当人们的消费理念和消费方式都有所转变后。对此，业内人士分析道，消费者的消费心理就是企业的风向标，当消费者的消费心理开始有了转移和新动向，企业一定要善于捕捉与此相关的信息。对企业来讲，信息就是机遇，信息就是财富。

物价蹭蹭涨，做“抠抠族”不丢人

什么是“抠抠族”？顾名思义，“抠抠族”就是指算计着花钱，恨不得一分钱掰成两半花，富日子当穷日子过，靠节俭省钱过日子的群体。

一提“抠抠族”，很多人会想起我们父母那一代人。在父母那一代人中，“抠抠族”可以说是为数众多。相信很多人为此嫌弃父母抠门、小气，甚至为此与父母吵过嘴、怄过气。但父母那一代“抠抠族”可谓是老一代“抠抠族”了，在物价不断上涨的今天，又诞生了新一代“抠抠族”。

新一代“抠抠族”多指80后低收入一族，他们与老一代“抠抠族”的共同之处是“抠”，依然是恨不得一分钱掰成两半花，很少打车、下馆子。但与老一代“抠抠族”不同的是，他们在精打细算、做到物尽其用的同时，还有一些省钱秘笈，能更好地配置“有数”的金钱。

刘小姐是典型的“抠抠族”，其实她的工资在她所在的二线城市并不算低，除去保险、个人所得税，每月到手的工资有3000元左右。但随着物价不断高涨，以及攒钱买房子的愿望越来越强烈，她不得不精打细算过日子，能省则省。比如，只要化妆品能领到试用装，就绝不会买；

打电话都是给对方响一声之后，等着对方打过来；家务更是自己亲自做，脏衣服绝不会送去洗衣店。

做“抠抠族”是好还是不好呢？很多网友认为，人拼死拼活地工作，不就是为了过得更好吗？而像“抠抠族”这样生活很累，毫无生活乐趣可言，所以不值得提倡。

对于“抠抠族”，学者们也是各执一词。有学者认为，在“抠抠族”身上体现了中华民族勤俭节约的传统美德，以及新时期年轻人自信乐观、积极向上的生活态度；也有学者认为，节俭是美德，但不是长久之计，因此“抠抠族”们应当认识到，钱是赚来的不是省来的，应该设法提高自己的赚钱能力。省钱不是王道，设法赚钱才是王道。

如果从理财的角度来看，钱确实是赚来的不是省来的，但从过日子的角度来看，钱该省还是要省的，毕竟我们寻常百姓赚钱不容易，省一分是一分。事实上，在物价不断上涨的情形下，做一个快乐的“抠抠族”，也是一个不错的生存之道。

当然，要想做一个快乐的“抠抠族”，就要灵活借用“抠抠族”的省钱秘笈，而不是将“抠抠族”的过日子经验全盘照搬。现在，我们就好好晒一晒“抠抠族”的省钱秘笈吧：

1. 饮食省钱秘笈

通常，“抠抠族”都是自己买菜，自己动手做饭，尤其是早饭和晚饭，一般不在外面买着吃。中午就在公司食堂吃，如果公司没有食堂，就自己带饭，所以“抠抠族”多是“盒饭族”或“便当族”。

这条省钱秘笈比较实用，不过要注意的是，不要只买青菜，可适当买点肉，做到荤素搭配，这样才有利于身体健康。

2. 购物省钱秘笈

一般情况下，“抠抠族”不会花太多钱购物，但在商场搞促销活动时，就会一次购买很多日用品，比如香皂、洗衣粉、牙膏等。至于化妆品与衣服，“抠抠族”多选择网上代购，或买打折货，因为这样能省下

不少钱。

身为“抠抠族”一员的赵小姐就特别爱买打折货。尽管她月收入不到3000元，可浑身上下都是名牌。这得归功于她对打折信息的收集。只要有时间，赵小姐就会细心搜集各种名牌服装的打折资讯，然后综合分析，从中选出价格不高但适合自己的品牌服饰。

可见，一些对“抠抠族”有偏见的人，要改变自己的看法了，因为“抠抠族”的购物经对于很多人来说很有参考价值。

3. 计划消费或支出

“抠抠族”通常不会乱花钱，每月都有一定的计划，比如吃饭花多少钱、日用品花多少钱、每月必须存多少钱等。事实上，这是一种理性消费的方式，要比无节制地乱花钱更能细水长流。

综上可见，“抠抠族”在生活中既经常自己动手，丰衣足食，又能计划消费，甚至能在挣钱不多的前提下坚持定期存款。如果你是中低收入者，觉得物价上涨给自己带来了不小的生活压力，不妨参考以上的省钱秘笈。相信当你活学活用这些秘笈后，一定会生活得更轻松快乐，会成为快乐的“抠抠族”。

不过，笔者要提醒读者的是，如果你想跻身于“抠抠族”，一定要注意以下两点：第一，不能过于抠，比如常以方便面作为午餐、一个月也不见一点荤腥等，这样的生活方式不利于身体健康；第二，不要损公肥私，比如有些“抠抠族”下班后以“加班”为名继续留在公司，只为享受免费空调，或上网玩游戏，这些做法并不值得提倡。

总之，“涨价不止，抠抠不止”。“抠抠族”们看似活得累，活得没意思，但相比“月光族”来说，他们活得要轻松很多，起码平时存些钱，意外时能应点急。所以，“抠抠族”们是在抠中快乐着！

你想当“抠抠族”吗？如果有这个想法的话，那就马上行动，先给自己买一个账本，从记录每天的开支做起吧！

农产品涨价，精明主妇如何管好“菜篮子”？

最近王小丽对菜价异常敏感，因为婆婆回老家了，做饭买菜的事自然就由她全权负责了。原来对买菜不闻不问的她，一下子变成了“包打听”，一听说哪里的菜便宜，马上会两眼放光，然后就缠着别人问来问去。

同事们都说王小丽最近太“八婆”了。对此，王小丽总是呵呵一笑，就好像是在说别人一样。因为在她看来，在收入不变、菜价上涨的情况下，能省钱才是硬道理。除了省钱，什么都是浮云。

这天是周六，王小丽起了个大早去买菜。买菜回来时，正好在单元楼门口遇到五楼的奇奇妈。

“哟，小丽，这么早就去买菜了？”

“是啊。哎，这么一点菜竟然花了50多。现在什么都涨，连青菜都涨了很多！”

“是啊。我看下你都买的什么菜。哟，有豆角、青椒，还有肉。你在哪买的？”

“就在小区的菜市场！”

“怪不得呢！”奇奇妈接着说，“咱们小区的菜市场比外面贵多

了，我很少去那里买菜，除非万不得已！”

“不在小区菜市场买，那你去哪儿买菜啊？”

“去新发地批发市场啊，那里的菜便宜多了。我每个周末都会去一次，而且是和四楼的陈大妈一起去，到那里再找几个买菜的姐妹或大妈，大家一起‘拼团’逛，人多好砍价嘛。当然，一次得多买点，我每次买的菜基本上能吃一周，光是一周的菜钱就能省20块钱呢！”

“那不错哟，下周记得叫上我，我也去批发市场看下！”

下周日，在奇奇妈、陈大妈的带领下，王小丽也来到了新发地批发市场。让她意想不到的是，像她这样的普通市民来这儿买菜的有很多，而且好多人都是开车来买菜。只见他们一边挑菜，一边忙着跟摊主杀价，看来有钱人也想省菜钱啊。

王小丽跟在奇奇妈、陈大妈后面，一路走一路问价，发现这里的菜确实便宜。比如在小区菜市场白菜一斤8毛钱，可在这里几个人“拼团”一起买，一人买10斤，一斤才合4毛钱。虽然路上折腾点，但一周就能省下几十块钱的菜钱，王小丽还是觉得挺划算的。之后，王小丽就经常和奇奇妈、陈大妈去新发地批发市场“淘”菜了。

不过，笔者提醒去批发市场的朋友，如果想买到新鲜的水果蔬菜，就要把握好时间，最好是每天上午9点左右到。因为从这个时候开始，一般的批发市场就开始大规模零售了，越是早点去，越容易买到新鲜蔬果。当然，这时候人比较多，一定要保存好自己的钱和物。

此外，新鲜蔬菜不易保存，建议去批发市场买菜的主妇们，可多买些大白菜、大葱、萝卜、土豆、洋葱之类易保存的蔬菜，像小油菜、蒿子秆等叶菜可适当少买一些。否则，吃不完全坏掉更浪费。

精明的家庭主妇王小丽，为了省点菜钱，由菜市场转战批发市场，这样一周下来，确实能省下不少钱。不过，她并没有因此沾沾自喜，而是时刻观察着，有没有离家近一点的、比较便宜的菜市场。

功夫不负有心人，不久后，她就有了新发现……

周日早上，王小丽乘坐公交车回娘家，途经一个旧城区的公交站，上来好几个提着菜、肉的大妈。大妈们坐定后，就开始议论今天买的菜：菜多少钱、肉多少钱。王小丽一听，她们买的菜和肉比自己小区的菜市场便宜多了！

于是，王小丽断定这附近有大型的菜市场，甚至是批发市场。于是，下午从娘家回来时，王小丽特意在这一站下了车，决定好好打探一番。果不其然，在一个路人的热情指点下，王小丽没费多少周折就找到一个大型的菜市场。这个菜市场比新发地批发市场离家近多了，而且价格相差无几。这对于王小丽来说，无疑是一个重大发现。

之后，王小丽就经常来这里买菜。当然，她也没忘将这个买菜的好地方与奇奇妈、陈大妈一起分享。只要有时间，王小丽就爱约上邻居或同事一起去买菜，因为买的越多，价格就越便宜嘛。

不过，对于王小丽买的便宜菜，她老公刚开始却持怀疑的态度："这肉不会是问题肉吧？菜不会是卖不出去的吧？要不怎么比咱们这里便宜那么多呢？"王小丽一笑："你说的这些问题我早了解过了。那里是老城区，摊位租金便宜，价格相对就低，同时那里的交通方便，买菜的人多，薄利多销也是一种经营策略嘛！"老公直夸王小丽能干。

除了像王小丽一样，找便宜的菜市场买菜之外，还有其他省菜钱的好路子吗？当然有。笔者将一些精明主妇们的省钱经验进行了盘点整理，如果你正苦于没有省钱方法的话，不妨尝试一下吧：

1. 避开高峰期买菜

如果你想买菜省点钱的话，可以选择避开高峰期。对于菜市场来说，高峰期有两个，即中午12点和下午5点30分。如果避开这两个高峰期的话，菜价可以便宜10%～20%。但是，这个方法不适于去超市买菜的主妇，因为超市的菜通常按定价卖。当然，超市每天都有促销的菜，主妇们可以去超市买促销菜。

2. 收摊时去买菜

如果去早市或小区的一些菜市场买菜，可以选择快收摊时去买。因为新鲜蔬菜不易保存，快收摊时，摊主都急于将剩下的菜卖出去，好轻装回家，所以在价格上就会自动压低很多。

3. 买菜农的菜

相对于菜农卖的菜来说，菜贩卖的菜要包含运输成本、摊点租金等各种费用，所以在价格上就要高一些。如果你家附近有菜农或离郊区较近的话，你最好买菜农的菜或直接去菜地买菜。

4. 去固定的摊位买菜

摊主为了招揽生意，一般会主动便宜点卖给老主顾，或随手送老主顾一些菜。比如有时候拎着鱼到常光顾的摊位上买菜，摊主就会大方赠送一小把香菜。此外，总在同一个摊位上买菜，摊主也不好意思在称上给得太少，一般都会给足量。所以，你在买菜时可固定几个摊位，这样也能省一些钱。

5. 自己种菜，其乐融融

如果你家房屋带有小院子或小花园的话，建议你在自家小院里种植一些蔬菜。当然，如果阳台够大，你也可以在自家阳台上种菜。此外，你还可以在家里闲置的花盆里种些小葱、蒜苗等。

6. 看天买菜

尽量在天气晴朗的时候出去买菜，因为遇到天气变坏，卖菜的摊主少，菜贩们就会趁机提高价格。通常在大雨天或大雪天，一公斤蔬菜少则涨3毛钱，多则涨1元以上。因此，作为精明主妇，要时常关注天气预报，在天气突变前多买点易保鲜的蔬菜。

7. 买菜也“好色”

通常，女摊主比较会算计，爱斤斤计较，而男摊主相对好说话一些。因而，家庭主妇们在买菜时就要“好色”一点了，要尽量选择去男摊主的摊位上买菜，并且最好多买一些，这样比较容易与摊主砍价。

8. 租地当菜农

如果条件允许的话，你可以到郊区承包一块地，自己当菜农。有时间就自己去管理下，没时间就雇人浇水施肥。这样，不仅可省下一笔菜钱，甚至还可能有一定的创收呢。

9. 当“跟屁虫”，坐享其成

买菜时，你可以跟在精明的大妈或大婶后面，等她们砍好菜价后跟着一起买。

总之，精明的家庭主妇们省钱买菜的方法有很多，而且大部分方法简单易学，如果你想买菜省点钱的话，不妨现学现卖。不过，笔者要提醒你的是，无论采用何种省钱经，去买菜时最好不要穿得太时髦，否则摊主们就会认为你很有钱，不在乎买菜这点小钱，而狠狠地宰你一下。

通胀来临，“月光族”变身“账客族”

“今天，你记账了没有？”在薪水的涨速怎么也跑不过CPI的今天，“记账”这种传统的理财方式又开始让很多年轻人情有独钟，尤其是80后“月光族”，一改之前花钱大手大脚的习惯，做起了时刻记录自己花销情况的“账客族”。

80后“月光族”为何要摇身一变，成为“账客族”呢？原因有很多，主要是因为当下的物价过高，而“月光族”又花钱太猛。

余小姐是典型的“月光族”一员，虽然每月有近6000元的工资，可工资发下来没几天就会花去一大半，剩下的半个月就只能省着花，总是好不容易才能支撑到下月发工资的日子。

余小姐的工资是怎么花的，都花在什么地方了呢？说实话，余小姐自己也记不清。反正，她经常与朋友一起吃饭、喝酒、K歌，根本不在乎花多少钱，甚至有时一晚上就花掉1000多元。

余小姐从来没有想过存钱，因为周围同事和朋友都是这样过日子的。再说自己还年轻，也没有买房子、养孩子的压力，所以头脑中就没有省钱过日子的意识。直到遇到刘小姐，余小姐才开始改变大手大脚花钱的习惯。

与余小姐一起合租房子的刘小姐，收入与余小姐差不多，年纪也相仿，但刘小姐每月至少会存2000元。在一起合租房子的时间长了，余小姐就向刘小姐取经。刘小姐告诉她，自己有一个记账的习惯，每天的每笔消费都会“婆婆妈妈”地记上。虽然麻烦些，但这样就能弄清楚工资到底花在什么地方了，而且会发现哪些是不必要的支出，哪些是必需的支出，时间长了，自然就能养成良好的消费习惯。

受刘小姐影响，余小姐也开始尝试着记账。由于天天在包里装个本子不方便，余小姐就用手机记账：小到购物的塑料袋、每天坐公交车的车费，大到缴话费、买衣服，每天的支出都一一入账。

记了一个月的账后，余小姐对自己的支出大吃一惊：“房租1500元；买衣服800元；化妆品500元；水电费、电话费200元；宽带120元……”当把这一连串数字列出来后，余小姐就明了了：自己不吃不喝不娱乐，每个月的生活开支已经3000多元了，这哪能行呢？

之后，余小姐给自己定了一个消费标准，比如每天吃饭只花30元、每月买衣服500元、化妆品200元。如果发现今天超过消费标准了，明天就会想办法把超标的钱省回来。改变消费习惯的第一个月，余小姐就“扭亏为盈”，成功存下了1500元钱。

现在，余小姐已成为了典型的“账客族”，把每天的每一项开支都存在手机里，时刻提醒自己不可超支。从“月光族”变身“账客族”，余小姐感触颇深：“即使物价再涨，我也不怕了，因为我有理财杀手锏——记账。”

事实上，2011年物价高居不下，在工资不见涨的前提下，工薪族要如何应对呢？于是，大家都想方设法地减少不必要的支出，记账也随之流行起来。记账的确可以避免过度消费，比如一些年轻人原来见什么买什么，学会记账后就理性多了，这样就能在一定程度上抵御因通胀带来的生活成本的增加。

据某项调查显示，一些年轻人成为“账客族”后，其消费观与理财

观发生了三大转变：第一，消费理念变得更节省，在消费之前会重新考虑其消费行为的价值；第二，理财意识更强烈，会自觉学习一些理财知识，力求开源节流，将存下来的钱进行再投资；第三，生活上更注重制订计划，通常会提前安排好每月的收支计划，合理安排自己的生活开支与娱乐消费。

对于年轻人因物价上涨而转变的消费理念，理财专家非常赞同，并认为，刚刚参加工作没多久的年轻人，必须养成良好的消费与理财习惯，因为人生初始阶段的资金积累非常重要，投资理财的第一桶金往往就是来自积蓄。因而，记账生活对于人的一生都非常有利。用网友的话来说，“记的不光是账，还有生活。”

“账客族”的账应该如何记呢？一些比较前卫的年轻人多用网络下载记账本——“账友”，或在网上建立个人电子账本，按天详细记录。网络记账很方便，键盘一敲，就可以轻松记下每天的花销，按月结算，从而控制好自己的日常开销，达到节约开支的目的。如果不想下载“账友”的话，还可以在一些免费记账网站上记账，具体方法是：用账号登录，按提示填入，就跟写微博一样简单。

网络记账不仅方法简单，而且易于与网友交流。时下，有很多年轻人会把每天的固定开支记录下来，与网友交流心得。这样既能接受网友的监督，又能清楚地了解自己的钱究竟花在何处，同时还能提醒自己不能超支，可以说是绝佳的理财妙方。

据相关部门统计，目前国内选择网上记账的人数在1000万以上。可见，很多年轻人已经爱上了网络记账这种方式。

除了用手机与网络记账外，还可用传统的纸本与笔记账。但无论采用何种方式，都要注意以下一些事宜：

1. 记录要全面

“账客族”不仅要详细记录支出的费用，也要仔细记录每月的收入，而且要明细化。除了记录每月的工资、奖金外，像存款利息、股息、基金分红等额外收入，中奖、卖废品等各种偶然性的收入，都要入账。这样才能在明了收入的情况下，有计划地支出。同理，支出也是如此，记得越细越好。

2. 分门别类有条理

要想做一个好的“账客族”，一定要坚持每天记账，同时还要将自己的消费分门别类。比如，生活必要开支分为：食品、交通费、手机费等；日常临时开支包括：买衣服、买杂志、换手机等；人际交往开支有：请客、聚会、随份子等。

3. 要如实记录

除每天坚持记账外，“账客族”一定要如实记录，不能将“零食”写成“吃饭”，或不写具体数字只写一个概数，这样时间长了，就不能了解详细的支出情况。同时，购物时要收好购物小票、发票等，这样记录起来更有依据。

4. 学会反思

一个成功的“账客族”要学会反思。也许有人会说：“我也记账了，可是没有用啊，该怎么花还是怎么花，没有变化。”其实，记账不光是记，还得反思。反思自己是不是不该花的钱，却稀里糊涂地花掉了。

总之，要想成为一个地地道道的“账客族”，就不能嫌麻烦，而且要坚持每天记账，把自己的每一项收入、支出、投资都详细记录下来，并且多用网络或手机软件记账，让自己的财务状况数字化、表格化。这样不仅能轻松得知收支状况及财富积累情况，更有利于制订良好的理财或投资计划。

物价涨了涨，你要做“囤囤族”吗？

物价上涨了，如何抵御通胀成为了很多家庭的首要任务，甚至成为了一些人天天绞尽脑汁思考的重要事情。对于抵御通胀，家庭主妇陈阿姨认为，“抠抠族”就是一分钱当两分花，“团购族”就是组团买东西省钱，“囤囤族”就是囤米、囤面、囤油。但让她不解的是，自己的女儿小梅竟然囤起了化妆品。

这天，小梅又提着大包小包从超市回来。陈阿姨刚要发作，女儿却从手提袋里拿出一瓶保湿霜和一瓶爽肤水，撒娇道：“这是送给老妈的！”原来，超市今天搞特价，平时30多元的一瓶保湿霜特价20元一瓶，还赠爽肤水一瓶，很超值，所以她就毫不犹豫地买了两套。

尽管女儿给自己买了一套护肤品，但陈阿姨还是很怀疑女儿的行为：她是“囤囤族”还是“败家女”？

陈阿姨的女儿是“囤囤族”吗？当然是。其实，“囤囤族”并不是陈阿姨狭义上认为的囤米、囤面、囤油，而是指搜罗特价商品、趁低吸纳，多是听见哪类商品要涨价，就飞速赶往各大超市买空货架，一旦遇上打折促销活动，更是会囤上很多。其目的就是防止物价上涨后带来的生活超支，力争将生活成本降到最低。“囤囤族”的宣言是“哥囤的不是货，是放心。”

随着物价的不断高涨，一些“囤囤族”逐步升级为了大规模海量囤积商品的“海囤族”。“海囤族”更是听说什么涨价就大量地囤，囤的标准只有一个：便宜。“看了新闻，说什么都在涨价，反正以后也要用的，能囤就赶快囤点货吧！”不少“海囤族”趁菜价便宜时，会囤上一堆大白菜、土豆、山药等，这样就不怕天冷后，菜价一涨再涨了。

在女儿的影响下，陈阿姨也成了“海囤族”，只要一听说什么东西最近要涨价，就与楼下的王大妈一起，去批发市场大量采购，然后大袋小袋提回家，摆放妥当后，就十分欣慰地自言自语：“这些够吃一阵子了，物价爱怎么涨就怎么涨吧！”

在我们身边，有很多像陈阿姨、王大妈这样的“海囤族”。比如，某超市五周年店庆，笔者在结账处就看到一个有趣的现象——几乎每位结账的顾客手上都提着数量不等的卫生纸。“平时买这么一包同等重量、同等品质的卫生纸得19元，在店庆时只需要13元就可以了，所以我赶紧买了5包。”其中一位阿姨跟身后的一位大妈边等着结账边聊着天。“是啊，卫生纸天天都要用，并且好保存，多买点也放不坏。”

对于“海囤族”来说，这年头不囤点啥就OUT了。囤了白糖后，糖涨价了；囤了食用油后，食用油涨价后；给车子加满了油，汽油涨价了……“海囤族”颇为自己的“囤绩”自豪。

不过，也有囤错的时候。比如某妈妈逛超市，正逢商家搞奶粉促销活动，买10桶奶粉赠一辆儿童自行车。于是，那位妈妈一气买了10桶二段奶粉。起初那位妈妈感觉真的很划算，白得一辆自行车，但没过多长时间，烦恼就来了——宝宝该喝三段奶粉了，家中还有好几桶二段奶粉没喝完。那位妈妈想想就生气：“唉，当初为什么要贪小便宜，买这么多二段奶粉啊？”

可见，要想成为一个精打细算的“海囤族”，不是那么简单的事，而是一门充满智慧的学问。现在就让我们来看看那些海囤“达人”都是

怎么囤货的。

1. 多囤快消品

像卫生纸、肥皂、洗衣粉等快消品，就可以在商家搞促销的时候多买一些囤着。因为这类日用品每天都需要，用得快，而且放在家里也不会变质。但像香水、花露水、护肤品之类的慢消品，就不要多囤了，容易过保质期。

2. 少囤食品

如果商家促销的是有保质期的食品，再便宜也不能多囤。买食品时，最好买小包装的或者大包里分若干小包装的产品，因为如果买大包装的，一时吃不完，就容易变质，而造成不必要的浪费。

3. 衣服可适量地囤

在夏季，羽绒服、棉服等衣服打折时，可适当给孩子买上几件。鞋子也可以在打折时多买一双，但一定要买大一码的。当然，如果有成人的男式棉服价格合适、质量也不错的话，不妨给家人也买两件。

作为“囤囤族”，要想囤得放心、开心，不妨参考以上一些方法。同时还要牢记，囤什么、囤多少，一定要根据具体情况灵活而定，千万不可盲囤。

通胀时代，不懂团购你就OUT了

“蒜你狠”、“豆你玩”、“姜你军”……一路高歌的CPI不仅催生了一些网络流行语，还催生了一些新新群体，除了我们前面提及的“抠抠族”、“账客族”、“囤囤族”，还有让很多人趋之若鹜的“团购族”。

“团购族”又叫“团团族”，是指喜欢通过团购的方式来购物的群体。可以说，在通胀时代，不懂团购你就OUT了。

团购分为网络团购与线下团购。网络团购是2010年互联网当红的一种购物方式，确切地说是一种新兴的电子商务模式；线下团购是指在现实生活中，邻居或同事、同学一起拼团购买商品的一种购物方式。

不管是网络团购还是线下团购，只要经常参与团购，就可称为“团购族”。网络团购与线下团购的目的是一致的：省钱购物。只要听说某网站或某市场的某个东西便宜，大家就组团前去购买。

通过网络团购东西为什么能省钱呢？业内人士认为，主要是网友众多，人多量就大，单价自然就降下来了。可见，网络团购不是单纯地追逐时尚，而是实实在在地追求实惠。

网络团购都能买到哪些东西呢？事实上，最早的“团购族”多在网

上团购建材、装修用品，现在网络团购的范围大多了，香皂、卫生纸、洗发水、零食等都可以通过团购的方式来一一搞定。可以说，只要“团购族”按需要搜索，一般都能找到自己心仪的团购物品。

刘小姐是一家报社的编辑，和周围大多数同事一样，十分热衷于网上购物，特别是对网络团购青睐有加。其目的很简单，无非是想在当前物价高涨的背景下追求一种“低价高质”的生活。

刘小姐和同事最喜欢通过网络团购一些形形色色的消费券，比如电影票。通常，花60元左右就可以团购两张票，运气好的话，还能享受送爆米花和可乐的优惠。但如果去电影院买票，两张票最少也要花100多元。可见，网上团购电影票，真的是省钱没商量。

除了团购电影票，刘小姐和同事还喜欢团购一些餐厅的就餐券。刘小姐一个同事就曾用团购的就餐券请她吃火锅，两个人一共才花了58元，但吃到的却是原价200多元的火锅套餐，相当划算。可见，网络团购不仅能让“团购族”省钱，还能让“团购族”的生活更丰富多彩。

由于网络团购这种新兴的电子商务模式具有低成本、高效率、参与者众多、方便实惠等诸多特点，所以很受年轻人的欢迎，尤其是白领一族，可以说成为了他们不可或缺的一种购物方式。

线下团购主要针对那些不爱上网，甚至不会上网的大嫂、大妈们。确切地说，就是大嫂、大妈们一起拼团去批发市场买东西。由于人数多，购买的量大，而且大家能抱团砍价，所以通常能买到比较便宜的东西。

今年65岁的李大妈退休在家，是一名典型的家庭主妇，经常和楼上的几个大妈一块去批发市场团购日用品。她说：“以1元一包的纸巾为例，其零售价为1元/包，批发价为0.6元/包，如果一次团购100袋以上，还可在0.6元/包的基础上再享一至两成的折扣。”通常，李大妈和其他几位大妈都是每月去一趟批发市场，多团购一些能长时间存放、用量比较大的日用品，每次都能省不少钱呢。

最有意思的是，有些网友竟然通过团购的方式买菜，而且是线上线下互动，把网络与现实完美地嫁接在了一起，比如张先生。

张先生家附近有一个大型的蔬菜批发市场，这个市场的蔬菜不仅便宜，而且新鲜，但就是不零售。于是，张先生抱着试试看的心态，在网上发了一个帖子，提议大家组团团购。没想到的是，这个帖子一发出，竟然是一呼百应。很快，大家就组成了一个30人的购菜团。这样，大家买到手的菜价比菜市场的低了至少30%。

从团购建材到团购衣服、米、面，以及手纸、肥皂等日用品，团购的品类逐步囊括了人类的衣、食、住、行、玩等各个方面，相信随着团购品类的增多与齐全，以及物价的不断上涨，会有越来越多的人爱上团购，成为“团购族”。

如果你也想成为“团购族”，一定要注意以下几个事项：

1. 理性消费是根本

不论是网络团购还是线下团购，都需要精打细算，一定要理性消费，不要贪图东西便宜就购买一些自己不需要的用品，这样就会造成不必要的浪费。最好的方法是定时清点自己家的库存，看什么东西少了或没有了，用本子记下来，并且经常关注团购网的相关信息，及时补货。

2. 多买一些耐放、用量大的东西

团购时，一定要多买一些能长时间存放、用量大的物品，比如纸巾、米、面等。而像水果或青菜等，一定要根据自己家的实际情况而定，人口少的话，就没必要买太多。

3. 货比三家不可少

即使是团购，也要货比三家，不仅要看价格，更要看质量。在这一点上，线下团购比网络团购更有优势。对于喜欢网络团购的“团购族”来说，一定要上一些信誉好、诚信度高的团购网购物，比如糯米网、拉手网等。如发现所购商品质量有问题，要及时联系商家退换货，不要拖延。

4. 仔细检查团购商品

团购商品到手后，不要光看包装和标志，最好是开箱检验，仔细检查，发现有破损的要当场要求商家调换。如果团购的是水果，还要防商贩在水果箱内动手脚，比如在桂圆箱内用枝条与树叶填充，在苹果箱内放大量废纸以增加水果的重量。

总之，要想成为一个快乐的“团购族”，还需要练就一双火眼金睛，这样才能团到既省钱又质优的商品。

“涨”声响起来，看邻居大妈如何精打细算？

在通胀时代，越来越多的人高喊日子难过，“能省则省”成为了一些人过日子的金玉良言。但究竟怎么个省法，才能既省钱，又不让日子过得没滋没味呢？

事实上，如何省钱过日子需因人而异。比如，对于白领一族来说，少上高档餐馆消费、少出门逛街、少买一线化妆品，就是省钱了。但对于操持家务的大妈们来说，就是如何精打细算过日子了。尽管这些大妈们不会上网网购或团购，但她们的购物经与省钱经，却是不胜枚举。

今年60岁的张大妈，是北京顺义区的一个普普通通的居民，她热情乐观，整天笑呵呵的，自2008年退休后一直在家，月退休工资1500元左右。张大爷的退休工资比张大妈略高，2000元左右。由于家里还有个小儿子上大学，所以张大妈一直是精打细算过日子。不过，当邻居们感叹物价总上涨受不了时，张大妈的日子还是过得悠然自得。

张大妈是怎么精打细算过日子的呢？

1. 能省就省

张大妈应对物价上涨的第一信条就是，过日子能省就省。为了保证每月的生活支出不超支，张大妈的绝招是上半个月省着点花，下半个月

如果有余钱的话，可以奢侈一些。比如多买一些水果、肉等。当然，有时候实在想吃水果，也会去买一些，只不过少买点而已，而且总是快到收摊时去买，哪种水果便宜买哪种。

2. 多动手

通常，张大妈没事总爱去菜市场转转，买点小黄瓜、小茄子、胡萝卜、白萝卜等，吃不了就腌起来，比如腌糖醋萝卜。外买的糖醋萝卜每斤要5元钱，一斤吃个三五天就完了，而张大妈用5元钱能买5斤白萝卜，腌好后最少能吃半个月。

除了自己动手腌咸菜，张大妈还喜欢亲自包饺子。尽管2011年的猪肉价接近天价，张大妈还是经常包她和张大爷都喜欢吃的猪肉韭菜馅饺子。张大妈说："不能因为猪肉价高，就不吃了，少吃点总是可以的。比如，我原来包一次饺子用一斤肉馅，现在改为一次用半斤肉馅了。"原来用一斤肉馅，现在只用半斤，张大妈的生活质量下降了吗？张大妈不这样认为，她说多放点油，饺子一样香、一样好吃。

此外，张大妈的手特别巧，经常自己买毛线织围巾、手套，连家里的沙发罩都是她亲手做的呢。张大妈的生活，真的可以用"自己动手，丰衣足食"来形容了。

事实上，物价上涨后，像张大妈这样节省的大妈们有很多。比如，张大妈的邻居江大妈，虽然退休工资比张大妈高，但过起日子来一点也不含糊，省钱经是一套一套的。

1. 换着法子吃鱼

江大妈与江大爷都爱吃鱼，而且最爱吃带鱼，一周至少要吃三次带鱼。鱼涨价前，每周买鱼的花费就在50元左右，鱼涨价后，江大妈就不再老买新鲜带鱼了，偶尔会去超市买冻带鱼——冻带鱼要比新鲜带鱼便宜不少钱。如果买新鲜的带鱼，江大妈就会跑到离家远一点的一个水产批发市场买，那里的带鱼可比小区菜市场的带鱼每斤便宜2元钱呢。

2. 反季节购衣

江大妈想给孙子买一件羽绒服，可到商场一看，一件要四五百元。江大妈一想，反正孙子已经有好几件羽绒服了，不如暂时不买，等到明年春天换季时再买。那时候标价1000元的羽绒服能打两三折呢。所以，想省钱买衣服的妙招就是反季节购买。

当然，反季节购买衣服时，一定要挑款式耐看、不易过时、材质也不错的。如果买时一味追求便宜，等来年穿时才发现不喜欢了、不想穿了，那就是真正的浪费钱了。

江大妈不仅反季节购买衣服，像其他物品，比如空调、加湿器，也是反季节购买——冬天买空调，夏天买加湿器。

3. 能不买就不买

俗话说："吃不穷，喝不穷，算计不到就受穷！"江大妈特别认可这句话，而且在生活中时刻践行着这句至理名言。她认为，过日子，能不买的东西就别买，比如微波炉、高压锅。微波炉最大的用处就是热剩菜剩饭、解冻肉类，最多再加上一个爆玉米花。如果家里人口少，经常不会剩菜剩饭的话，就没必要买它。至于高压锅，江大妈也认为买不买无所谓，以前没有高压锅还不是照样炖肉，只不过慢一点而已。

微波炉、高压锅到底该不该买？这当然要根据个人情况而定。江大妈认为，如果从节电的角度来看，还是不要买微波炉了；站在节约煤气的角度来看，如果你经常炖肉的话，还是买一个高压锅为好。

除了张大妈、江大妈的省钱经，在日常生活中，还有什么省钱的小妙方吗？当然有，而且还不少呢！现在就让我们来盘点一下其他大妈的省钱经：

1. 物尽其用

在生活中，你来我往是少不了的交际应酬。如果你过生日时，朋友送了好多礼物，先别急着拆吊牌，收管好了，特别是自己不喜欢的，可以在下次亲戚或朋友过生日时送出去。这样，就能省下一笔买礼物的钱了。

2. 电怎么省怎么用

在生活中，很多大妈十分注意一些不起眼的小细节。比如煮米饭前，先把米泡一两个小时，然后再煮就比较省电；如果家中的煤气费较高，而电费比较便宜的话，就可改用电磁炉烧开水；有些城市在晚上9点30分后电价比白天便宜，就可以集中在这个时间段烧水。

3. 滴水不漏

在当前物价不断上涨的前提下，如果每月能节约点水钱，也是不错的省钱之道。

节水的方法很简单，就说平时我们洗菜的水，通常我们都用三道水，最后一道洗菜水可以留下来冲马桶、浇花；淘米的水可以用来浇花，也可以用来洗第一道菜。

此外，我们洗澡时，可站在大盆中洗，倒掉前两次水，把最干净那道水留下，用来洗衣服、冲马桶。而洗衣服的最后两道水也比较干净，可以留下来洗拖布。

4. 购物货比三家

买东西一定要货比三家，所以大妈们平时特别留意各大商场的促销海报，看有没有打折或特价的商品。有时商场搞活动，一桶油能比平时省10多元钱。对于肉类、蛋类等食品，也最好选择打折时买，并且可以适量多买点。

以上就是大妈们省钱过日子的一些绝招。如果你是工薪族和低收入群体，如果你感觉物价上涨导致自己手头总是有些拮据，那么就向精明的大妈们取下经吧！我们控制不了物价上涨，但可以改变自己的消费方式；我们管不了商场定价，但可以时时刻刻盘算着如何省钱购物；我们挣钱不多，但可以使出各种方法和技巧来省钱，比如水电随手关，煤气调合适，DIY改造旧衣服等。

总之，在这个物价上涨的时代，不要嫌自己抠门，只要能省钱就是王道。

第六章　物价上涨，“潮人”如何聪明过日子?

与邻家大妈们相比，白领一族向来不爱省钱过日子。但物价上涨后，一些白领也不得不改变消费理念，毕竟自己每个月的收入有限。但有一些人大手大脚花钱习惯了，真让她们像邻家大妈们那样节省，她们还真有点受不了。

如何既能省钱过日子，又能不降低生活质量呢？白领们是八仙过海，各显其招，而且招招能抗通胀。如果你也喜欢高质量的生活，又感觉高物价带来的经济压力过大的话，大可以借鉴下“潮人”聪明过日子的方法。

百物上涨，白领如何精明购物？

物价上涨了，很多精明的家庭主妇开始算计着花钱，白领们又是如何应对物价上涨的呢？

月薪6000元的张先生，特别讲究生活质量，每月光吃喝方面的费用就近1000元。此外，他每月私家车的油钱800元，请朋友吃饭500元，休闲健身400元，再加上手机费、水电费、上网费等杂费，又是一笔数目不小的开支。

随着物价上涨，张先生开始有意识地节俭起来。比如，以前去健身房健身，现在改去公园跑步；以前每周上餐馆吃三次大餐，现在改为每周一次；以前与朋友在外面吃饭，三四个人点一大桌子菜，现在三四个人最多点五个菜，更多的时候是四菜一汤。如此一来，钱省下了，生活品质也没有降低。

其实不只张先生，还有很多白领在物价上涨后都开始转变消费理念与方式，甚至有不少人变身为了“省钱达人”，比如笔者的一个朋友钱多多。

26岁的钱多多在广州一家广告公司就职，从事设计工作，月收入近5000元。每天上班下班，日子过得也算稳定，但让她纠结的是，每个月发了薪水，交完房租、水电费，买完油、米、化妆品，就所剩无几了。如果再买两件衣服，与朋友吃两餐饭，就成了彻彻底底的月月光。

随着物价不断上涨，多多越来越感觉手头紧了，于是就有了省钱过日子的打算。多多最近的生活有什么变化呢？

“我现在的生活可简单了，晚餐就在家附近的几家快餐店解决，也很少去逛商场了。”多多对朋友如是说。

除了减少不必要的开支外，多多还开始在购物上精打细算了。

1. 购买打折或促销产品

通常，大型超市每过一段时间或每逢周末，都有打折或促销活动，选择在此时添购物品，一般能省下不少钱。此外，很多蛋糕店的果盘、沙拉、糕点、熟食等，都会从晚上8点开始打折销售，价格可能是原价的一半不到，此时出手相当划算。

2. 选购超市自有品牌

如果没有赶上超市的促销活动，那么购物时可尽量选择超市的自有品牌。因为超市的自有品牌产品，质量通常与品牌商品没有什么区别，但价钱会相对便宜很多。

3. 做好购物计划

去超市购物前，先看看家里究竟缺什么，然后列一个清单，在上面注明必须买的用品，并且不要多带钱，这样就能避免冲动消费，达到省钱的目的。

4. “海报族”

每次去超市买东西前，都到超市入口处拿一份海报，看看超市今天有什么打折、促销商品，有哪些是自己需要的。此外，你还可以搜集几家超市的海报进行对比，从中选择最便宜的那家。有人将这样购物的人群戏称为“海报族”。

5. 网上购物

如果想省钱的话，你还可以考虑网上购物。由于网络商铺少了房

租、人工等经营成本，所售商品通常比实体店便宜一些。比如淘宝、易趣等网站。

在一家报社做编辑的吴小姐是典型的“网购族”，经常与同事搭伙在淘宝上买东西。除了买衣服之外，化妆品、鞋子等都在网上订购。因为网上购物不仅便宜，而且是直接邮寄到办公室，下班后直接拎回家，比占用下班时间去商场购物方便多了。

6. 美人计

购物时，最好带上一两个美女或帅男。遇到女老板让帅男出面砍价，遇到男老板让美女出面砍价。这样，就能买到价格相对便宜的衣服或化妆品了。

7. 拼团批发

如果超市、商场、农贸市场里的东西太贵，比如大米，鸡蛋等，那就不妨与同事、邻居、朋友搭帮组团去批发市场团购。只要量足够大，就可以批发价购买，甚至在批发价的基础上还可以再打点儿折扣，如此便可省下不少钱。

笔者就曾去过北京的玉泉路粮油批发市场，这个市场的杂粮品种特别齐全，来这儿批发大米、面粉的人最多。通常，10斤装的大米能省七八元钱。在粮油批发市场购物不仅省钱，而且比较容易买到新鲜的大米、面粉和杂粮。

如果你家中有四五口人，且经常在家做饭的话，不妨买50斤装的大米、面粉。这样比较划算。到底能省多少钱呢？拿大米来说，一袋20斤装的东北长粒大米的批发价是48.5元，折合每斤2.425元；而同等质量的50斤装的大米每袋119元，折合每斤2.38元。一斤就差了四五分钱呢。

如果你是单身白领，又很少动手做饭的话，你可能就觉得拼团批发这种方式对你没多少参考价值。其实不然。因为除了吃饭，你还需要买衣服，买化妆品，买日用品，所以说拼团批发这种方式适于任何人。

除了拼团外，白领们还可加入“特搜族”。所谓“特搜族”，就是指在物价节节攀升的背景之下，家庭主妇们和邻居结伴组成“特价扫货军团”，去搜罗特价商品，然后互通情报或是互相帮忙购买。通常，他们都有专门的聊天群，经常互相交流信息，哪里的菜便宜、哪里的肉实惠都了如指掌。对于省钱购物，这可是一个不错的选择哦！

物价上涨，“潮人”如何聪明过日子？

物价上涨，很多人的消费方式有了很大转变，但仍有一些追逐时尚、讲求品位的“潮人”，依然无动于衷。尽管他们钱包的厚度原地踏步，但却习惯了穿时尚、玩新潮，习惯了过小资生活。如果你让这类“潮人”像邻家大妈那样精打细算地过日子，他们肯定会不屑一顾，甚至会感觉生不如死。

事实上，当商家的价格标签越来越高，而我们的钱包并未增厚的话，无论何人都应该学会聪明过日子了，就算是“潮人”也不例外。当然，如果你有个有钱的老爸，是富二代或官二代，那就另当别论了。

对于过日子，我们得向精明的上海人好好学习学习。曾听说过一个故事，一个上海女孩为了买一双鞋子，竟然跑遍了上海所有的商店。女孩为什么要这样做呢？当然是想花最少的钱买到最漂亮的鞋子。

在购物方面，上海人总是精打细算，面对一件标价100元的东西，他们总会想方设法把价降下来，如果能花70元买到手，他们绝对不会多花30元。事实上，花小钱享受精致生活是老派上海人引以为荣的生活理念。当然，这更是“潮人”们应该掌握的生活技巧——如何既省钱，又能“潮”着过。

28岁的楠楠是一个时尚“潮人”，尤其在穿衣服上，什么款式新颖穿什么，什么流行穿什么。一年光鞋子就要买20多双，而且每双鞋子的价格都在300元以上，当然，衣服的价格就更贵了。因为爱买衣服，同事们都叫她“购衣狂”；也因为爱买衣服，她虽然年薪10万但却没攒下多少钱。

最近楠楠犯愁了，“前几年一件六七百元的大衣已经挺高档了，但现在一件不起眼的衣服都标价2000多元。”这对于爱美的她来说，真是一件纠结的事。到底该怎么办呢？

在朋友的建议下，一直喜欢光顾大商场的楠楠，开始把目光转向淘宝网。让她惊喜的是，在淘宝网上竟然淘到了与商场的款式相雷同的衣服，但价格却便宜了将近一半。比如，一款大衣在商场标价2000元，而在淘宝网上只需1100元就搞定了。

从此，楠楠就迷上了淘宝网，除非有较大折扣，否则绝不在大商场里买衣服。不过，她会经常去大商场转下，看看有什么新款的衣服，然后再到淘宝上淘，看有没有代购这类款式或品牌的商家。

可见，在物价上涨的逼迫下，一些“潮人”也开始转变消费方式了。那么，除了在淘宝网上购物外，“潮人”还应该如何做，才能花小钱享受精致生活呢？

1. 巧用银行信用卡

尽管刷卡没节制的话，很容易造成个人巨额“负资产”，但如果巧用信用卡的话，仍可以花点小钱就享受到精致的生活。因为刷卡可以享受优惠价，即无论日常消费，还是旅行住宿都有一定的优惠。因而，“潮人”要想享受小资生活，可多办几张卡。因为每家银行的信用卡优惠范围不同，同一银行不同信用卡的侧重点也不同。

比如，如果“潮人”喜欢在外面就餐，就可办理一张工商银行的“牡丹我吃美食信用卡”，或者招商银行信用卡。前者在全国近5000家餐饮商户可享优惠，后者在上海有1071家餐饮合作商户。

2. 做个快乐的拼客

拼客虽然不是物价上涨催生的产物，但还是比较时尚的一族。拼客们不仅拼吃、拼住、拼车，而且还拼游、拼购、拼家教，只要能拼的他们决不独自承担。在物价上涨的今天，“潮人”们不妨把自己变身为拼客。比如，可以与别人拼车，这样既能省油费、停车费，又避免了每天挤公交车的痛苦。

3. 网络购物，学会比价

现在，“潮人”大多是“网购族”，甚至“团购族”。如何既省钱，又买到质量好的商品呢？那就得学会网上比价，甚至要学会运用一些比价软件。如果不用比价软件的话，你就要多浏览一些信息。

比如，如果你想去旅游，去哪儿网、携程旅行网都是不错的选择。不过，要想订比较便宜的机票，最好对比一下春秋航空的特惠机票和亚洲航空等廉价航空机票，哪家便宜买哪家。

4. “券券族”也快乐

“券券族”就是老用打折券、优惠券的群体。伴随着优惠券的种类不断增多，以及物价的不断上涨，很多人加入了“券券族”。也许“潮人”早就是“券券族”成员了。因为凭着一些优惠券、打折券就能在餐厅、商场、景区等地方获得满额优惠或直接打折的待遇，既能省钱又能享受小资生活。

如果你想加入“券券族”，一定要记得把吃饭或购物时的一些打折券、特惠券保留好。那样你下次吃饭或购物，就能省下一笔钱了。

5. 天下也有免费午餐

俗话说：“天下没有免费的午餐。”这话放在今天，可真的是过时了。因为现在很多团购网站、报纸杂志、电台电视台为了聚集人气，常常会免费送出礼物，或进行免费抽奖。如果你想享受“免费午餐”的话，不妨浏览一些时尚网站，有时只要填一下表格就能获取各种免费商品。

通常，门户网站、团购网站、网络商家送出的礼物含金量都很高，你要做的只是注册一个账号，轻点几下鼠标而已。好运气是试出来的，只要有时间，就可经常登陆这些网站逛逛，说不定就有意外的惊喜在等着你呢！不过，有时就需要你辛苦一下了，比如，写一些试用心得，或为厂商做一些变相的宣传等。总之，不用你拿人民币来交换，还是值得的。

一线化妆品涨价，“爱美族”怎么办?

食品涨价了，冬装涨价了，皮包涨价了，还有什么会涨价呢？正当人们忧心不已时，一些化妆品企业也来凑热闹了，并且是不约而同地宣布从2011年1月开始涨价。

业内人士称，这是一线化妆品集体涨价，因为之前只是个别品牌调价，而这次提价却涉及多个品牌，仅兰蔻就有2/3的产品列入了涨价行列，而且涨幅很大，单品提价幅度为15～30元，涨幅在5%～10%。

此次涨价品牌包括兰蔻、碧欧泉、香奈儿、欧莱雅等，不同产品的涨幅不同。涨幅最大的是兰蔻臻萃华光精华面霜，原价3580元，涨价后高达3950元，一下就涨了370元；涨幅最小的是香奈儿彩妆四色眼影，原价545元，涨价后为560元，只涨了15元。

作为一线大牌化妆品，兰蔻、碧欧泉、香奈儿、欧莱雅等，为何集体涨价呢?

欧莱雅方面表示，“此次涨价是由于公司受到原材料成本上升、较高的税负水平等因素的影响。”对此，业内人士认为，涨价理由太牵强。因为高档化妆品本身的溢价空间就很大，成本的涨幅对其不构成绝对影响。这明显是搭涨价车，是跟风。

不管理由是否经得起推敲，但一线化妆品涨价已经成为了一个不争的事实，这对于爱美的帅哥美女们有何影响呢？业内人士认为，涨价对消费者的影响不大，因为买得起兰蔻等高端品牌的消费者，一般都不太在意价格。事实真的如此吗？

李小姐供职于北京某网站，像其他女孩子一样，喜欢穿漂亮、时尚的衣服，喜欢新潮的打扮，更喜欢化妆，很少素面朝天就出门。在化妆品上，李小姐一向很舍得花钱，最便宜的化妆品也在200元以上，每年花在这方面的消费少说也得上万。

但近年来，大品牌化妆品接二连三地涨价，让月薪6000元的她感觉有些承受不住。对于此次化妆品大幅涨价，李小姐颇有微辞：“高端化妆品涨价就是跟风，与原材料、人力成本等上涨关系不是很大。因为护肤品的原材料并不多，比如，一瓶面霜至少有50%以上是水分，乳液至少要70%，而爽肤水则90%都是水。”

高端化妆品本身的价格已经很高了，再次提价，对于李小姐以及和她差不多收入的年轻人来说，可能就会有用不起的感觉了。李小姐的朋友周小姐，已经因为大品牌化妆品涨价，而转用其他二线品牌的化妆品了。她的同事呢，则多开始在网上团购化妆品了。

李小姐的同事王小姐最近就因为一线化妆品集体涨价而加入了“团购族”。前几天，王小姐刚刚团购了某款高档化妆品的柔肤水。该柔肤水市面零售价295元，团购价仅99元，这一下就为她节省了将近200元。

其实，现在有很多像李小姐、王小姐这样的年轻人，收入不是太高，但衣服要穿好的、化妆品要用高档的。对于目标消费品的涨价，她们就会特别敏感与在意。但不管她们多在意、多敏感，化妆品还是涨价了。涨价后，她们应该怎么办呢？

业内人士建议，像李小姐、王小姐这样的“爱美族”，可以考虑改变消费理念与消费方式，具体如下：

1. 做“团购族”

衣服可以团购，化妆品当然也可以在网上团购了。对于那些日常开销挺大，但收入不算太高的“爱美族”来说，平时可多参加团购，选择自己需要的化妆品，这样就可以花最少的钱买到自己喜欢的化妆品了。

2. 护肤DIY

在我们所吃的食物中，有很多可以用来护肤，像牛奶、蜂蜜、黄瓜等。如果你是“爱美族”，不妨自己动手，将各种蔬菜、水果巧妙地搭配在一起，调制成适合自己皮肤的个性化妆品。比如，直接将黄瓜洗净，切片，贴在脸上当面膜；或将蜂蜜、牛奶混在一起，调成面膜。

用蔬菜、水果、牛奶做护肤品，不仅制作成本低廉、材料采购方便，而且是纯天然产品，最重要的是能省很多银子。不过需要注意的是，不同蔬果、不同食物都有不同的特性，而不同人的皮肤也有不同的特性，自制护肤品时一定要注意“对症”。否则，就会引起脸上生痘痘、皮肤红肿等过敏、不适症状，那样的话就得不偿失了。

3. 多用国内老品牌化妆品

一线大品牌化妆品纷纷涨价，一些“爱美族”不妨转用国产老品牌的护肤品，比如百雀羚凡士林保湿霜、片仔癀珍珠膏、大宝SOD蜜等。这些老牌化妆品价格便宜，关键是护肤效果并不比国际大品牌的差。虽然老品牌护肤品近年来的价格也有所提升，但由于其基数小，与一线化妆品的价格相比，还是便宜了不少。

半年前，在上海某贸易公司上班的孙小姐，就开始用起了妈妈的百雀羚滋润霜。最初的时候，她只是好奇，想尝试下妈妈老用的这种护肤品是什么味道，没想到用了一周后，竟迷上了那股熟悉的香味。于是，她就开始不断蹭妈妈的百雀羚滋润霜了。

4. 多人分享套装化妆品

通常，商家隔一段时间就会搞一些化妆品促销活动，特别是在推出新品时，时常会买多少返多少、赠送小样品、推出优惠礼品套装等。

比如原来1500元的护肤品套装，打折后1000元，此时，可与同事或朋友拼团购买套装。然后大家分享，比如你要爽肤水、我要面霜，几个人一分，在价格上就划算多了。

油价飞涨，“有车族”如何养车更省钱？

早晨，刘梅的老公李一铭以最快的速度吃完面，飞奔下楼。因为他要先下楼发动车，打开暖气，这样等刘梅坐到车上时，车里就会温暖如春。然后夫妻两人双双把班上。

这一天，同样如此。不同的是，车行到一半的时候，李一铭突然发现油箱显示报警了。怎么办？幸运的是，前方不远处就有一座加油站。李一铭一打方向盘，车一下子驶进了加油站的加油台。不一会儿工夫，油就加满了。

但一划油卡，刘梅却发现卡中只剩下300元了。

“前几天刚充进500元，怎么没几天，200元的油就用完了？”刘梅对着李一铭大呼小叫，一点也顾不上淑女风范了。

平时，家里的钱如何花、如何用都由刘梅全权打理，而李一铭从来不管钱的事。不当家不知柴米贵，刘梅眼见着又要给卡充钱了，难免有些着急。

“李一铭，这车怎么这么能喝油啊，你是不是平时老开车到处乱跑呀？今后省着点，要知道我们刚买了房子，每个月用钱的地方多着呢。”

“冤枉啊，我哪到处乱跑了？是油又涨价了，不经用了啊！”

“油又涨价？不是才没涨几个月么，怎么又涨了？”

“是啊，不仅油涨价了，零部件、停车费、洗车费什么都涨了啊！”

“看来，我们得设法节约油钱了！”

“是啊，可怎么省呢？”

“我好多同事都不开车上班了，都改乘地铁了！可那样的话，买的车不成了聋子的耳朵——成摆设了吗？”

“那多不方便啊，我们买车就是为方便上下班，不然买它做什么啊！”

“也是，不过，这车费如何才能省呢？”

“你不是常去4S店么，去请教下那里的专家吧！”

“聪明！我下午就去4S店问问！”

下午，刘梅风风火火地来到了4S店，当刘梅将自己的烦恼告诉4S店的李师傅后，热心的李师傅马上教给刘梅几招开车养车的省钱秘笈。

1. 给你的汽车减减负

如果你经常将汽车的后备箱当作储藏室的话，那就需要给它减负了，因为汽车负重越大油耗越多。所以，汽车的后备箱最好只放每天要用的东西，其他用不着的东西放家里就好。

2. 养成良好的驾驶习惯

很多人喜欢开快车，甚至飙车，如果想省油钱的话，就要改变这一习惯了。因为每狠踩一次油门，等于汽车行驶1公里；每紧急制动一次，所浪费的油可行驶2公里。所以，车要悠着点开。

3. 选择不太“吃油”的轮胎

近年来，汽车轮胎逐渐引起了人们的关注。事实上，用何轮胎不仅关系到安全问题，还关系到省油问题。平时尽量不要用扁胎，扁胎跑得稳但吃油。这种轮胎有抓地性能，但胎面接地面积大，摩擦力也大，引擎就得增加动力，油吃得就多一些，尤其是静止起步时，耗油特别明显。

4. 自己动手做保养

现在洗车费、保养费都在上涨，如果想节省这笔费用的话，不妨亲自动手给汽车美容。提上一桶水自己洗车，一次就能节省20元，而且还能锻炼身体，何乐而不为呢？如果你想给自己的汽车做隔音，可上网找“DIY做静音”的帖子，然后买来零部件自己组装，这样就可以用省下的钱做其他事情了。

5. 拼车

如果家中有两辆车，夫妻一人一辆的话，可以拼一辆车去上班。现在汽油连连涨价，为省油费，已经有好多人使用这种办法了。当然，也可以同事之间拼车，前提是大家住得比较近，上班时顺路接一下也挺方便。

刘梅听李师傅讲得头头是道，招招都是自己没听说过的，赶紧拿出本子，认认真真地全部记下了。

第二天是刘梅妈妈生日，刘梅与李一铭一起回娘家，给妈妈过生日。

一进门，刘梅就发现表姐、表姐夫早到了，他们可是住得比较远啊，怎么比自己到得还早？

“姐，姐夫，你们今天怎么这么早啊？”

“因为今天坐地铁过来，没想到这么快。”表姐说。

“坐地铁呀，怎么没开车？地铁人多吗，挤不挤呀？”

“有点挤，但挺快的。哎呀，你又不是不知道你姐夫这人抠，油价一涨，他就不再天天开车了，害得我隔三差五就得坐公交或地铁。”表姐边说边拿眼睛瞅姐夫，一副受了气的小媳妇样儿。

“这有什么，坐地铁多好，既不用担心堵车，还省油钱，对吧？”姐夫笑呵呵地说。

“前几天，我们还买了一辆自行车，既可以代步，又能锻炼身体。”表姐接着说。

四个年轻人谈得热火朝天。当然，话题都离不开物价上涨后，“有车族”应该怎么办才能省钱。

“摆桌子，吃饭喽。”直到刘梅妈妈从厨房里出来，大家才想起来：“光顾着说话了，倒把老寿星给忘了……”

家装费用走高，我们如何扮靓新房？

在北京一家广告公司上班的汪先生，前不久在北京顺义一楼盘买了一套120平方米的房子，准备春节期间结婚用。但付完房子的首付款后，手头就没剩多少钱用于婚房的装修了。如何装修更省钱呢？

汪先生思虑再三，决定跑一些建材市场，先看看目前家装材料的行情，再做一个详细的装修计划。

逛了几个建材市场后，汪先生发现，家装材料的价格都挺高的。市场销售人员告诉他，近期以来，板材的涨价幅度较大，原本5万元就可以买到的装修所用的板材，现在却需要5.6万元，超过了原来价格的10%。而在家庭装修中，板材是用量最大的一项，通常能占到整个家庭装修费用的1/3，甚至接近1/2的费用。

除了板材，陶瓷、涂料、水泥、钢材、沙子等家装材料的价格都有不同程度的上涨。比如，沙子从1立方米80元涨到了150元，涨幅约为50%。

其实，家庭装修费用主要涉及两大块：一是装修原材料；二是工人工资。在家装原材料价格高涨的同时，家装人工费用也跟着水涨船高。可见，在物价上涨的情形下，业主的装修费用亦在不断增大。

家装费用这么高，如何装修呢？最后，汪先生终于想出一个好办法，那就是自己先做装修预算，设计好装修风格，然后让设计师出设计图纸，自己买材料雇工人，这样既能节约费用，又能按自己的喜好装修。按这样的装修思路，汪先生120平方米的房子，装修只花了8万元。

除了自己做装修预算，请设计师出设计图纸，自己买材料雇工人装修外，还有其他装修省钱秘笈吗？当然有，现在我们就来看一下业内人士的建议：

1. 把好设计关

如果想装修省钱的话，一定要把好设计关，应按着简约、实用的原则来设计装修风格。同时，要仔细考虑装修的各个环节与细节，避免装修过程中出现重新返工修改的情况，造成不必要的浪费。

2. 请优秀的施工队

装修新房前，一定要多找几家施工队。一方面要考虑价格，另一方面要看施工资质。通常，优秀的施工队人员技术高，各种材料都能做到物尽其用，把浪费降到最低，这样就等于省了一笔钱。同时，要注意，不要找新开张的装饰公司或施工队。

3. 厨房用材，好坏掺半

准备装修材料时，既要选购一些优质的材料，也要少备一些质量稍差的材料。比如，装修厨房时，被橱柜遮住的地面和墙面就可贴上廉价的地砖和墙砖，而露在外面的部分就用精心选购的好砖。这样，既能装修得漂亮，又能省钱。

4. 选用实木复合地板

通常，实木地板的价格比实木复合地板要高很多，如果手头不是很宽裕的话，可以考虑采用实木复合地板。因为与实木地板相比，实木复合地板既在价格上占有明显优势，又不易开裂，使用年限更长一些。

5. 用普通品牌的洁具

很多人在装修房子时，总是盯着大品牌的洁具，比如淋浴器、洗脸

盆、马桶等。其实，有些小品牌的洁具并不比大品牌的质量差。比如，1000元的马桶和5000元的马桶在质量上的差别并不大，甚至仅仅是造型上的差异。如果想省钱的话，可以考虑购买一些普通品牌的洁具。

6. 拼团团购

如果有朋友或同事近期也装修新房的话，可以考虑大家一起组团购买家装用品。因为大家一起买，量就会大一些，比较容易砍价。当然，还可以和同小区内正在装修的邻居一起拼团团购，或者在网上发个帖子，看哪些网友正在装修。

7. 多余材料转手他人

即使在准备装修材料时多么精打细算，也难免会剩下一些。面对剩下的材料，很多人选择扔掉或堆放在家中的某个角落。其实，最好的办法是将自己家装的余料信息发布到一些装修论坛上，寻找合适的买家。这样，也等于省掉了一部分装修费用。

综上可见，尽管物价的持续走高导致装修费用不断上涨，但如果我们精于计划的话，还是能省下一些钱的。因而，想装修房子的朋友们，不要太着急了，只要你在装修前多跑几个建材市场，并参考以上这些小计谋，你一定能花最少的钱将爱家装修得很舒适、很漂亮。

旅游费用飞涨，“穷游”也快乐

据相关媒体的报道显示，香港迪士尼乐园从2011年8月1日起将实行全新票价：1日游的标准门票票价将由目前的350港元提至399港元，而儿童门票票价将由目前的250港元提至285港元，涨幅达14%。这是香港迪士尼乐园开园6年来首次全面调整票价。同时，香港海洋公园也表示，将于2011年9月1日起涨价12%。

香港迪士尼乐园与香港海洋公园是旅游热点，很多去香港旅游的朋友都会来这两大景点畅游一番。而两大旅游热点的门票同时涨价，对于想在国庆期间去香港游玩的朋友们来说，确实不是一个好消息。

事实上，在当前物价不断上涨的情形下，不仅一些景点的票价上调了，一些景区宾馆的入住价格也有所上调。如果自驾游的话，由于油价上涨，自驾游成本也会增加不少。不过，虽然旅游成本因物价上涨不断增加，但一些人的旅游热情却有增无减。

曾小姐是一家杂志社的编辑，两年前买了车，自此就爱上了自驾游，每年最少会出去旅游两次。当她发现油价上涨后，就开始琢磨如何才能省钱旅游。想来想去，她终于想到一个好方法——错“峰”旅游。“错开出行高峰时间段，避免路上拥堵，既节省了时间，又节省了

油钱。”

在上海一家图书公司做发行工作的温小姐，打小爱好旅游，是十足的“驴友”。前些天，温小姐带老妈和孩子去了趟东南亚刁曼岛。三人来回坐飞机、住星级酒店，10天左右的旅程竟然只花了万余元，这让她的同事、朋友十分纳闷：“她们这次旅行怎么这么省钱啊？”

谈起旅游省钱的经验，温小姐是侃侃而谈：“我是典型的‘穷游’，旅游前总是早早上网订机票，一般会提前15～30天购票。没事时我就经常上网浏览各个网站，对比一下哪个网站的机票价格有优势，看到合适的就会赶紧订。当然，最重要的是，要绕开节假日的高峰时段。”

什么是“穷游”呢？“穷游”一词来源于网络，是一种时尚的旅游方式，指花最少的钱享受最大的快乐。最早的“穷游族”是一批留学欧洲的中国留学生，“不花冤枉钱”是“穷游”的首要原则，关键是还不能过于降低旅游质量，要游得开心快乐。

“穷游族”通常如何省钱旅游呢？现在就让我们看一下“穷游族”的旅游方法吧：

1. 反季节旅游

“穷游族”绝不会选择在旅游旺季出行，通常是反季节旅游。比如去香港旅游，每年的7、8月份，11月至次年春节前，这两个时间段都是旅游旺季。“穷游族”就会选择每年的3、4月份去香港旅游，此时机票、酒店价格都相对低一些。

2. 提前订机票和酒店

机票最好提前7天以上预订。即使春节期间，如果提前预订的话，也有可能买到3折以下的机票，而且最好是预订往返机票，这样更省钱。

值得一提的是，航空公司特别是欧洲的航空公司经常会推出数量不等的特价机票。游客登录航空公司网站后，一般能在比较醒目的位置看到特价线路。在网站注册、登录、进入机票查询预订系统之后，你就可以根据自己的出行时间预订机票了。

一般来说，不少酒店为吸引客流，对提前预订的客人会给予一定的价格优惠。因而，如果你已确定了旅游目的地，不妨学学“穷游族”，提前在网上预订机票和酒店。

3. 刷卡优惠

如果你喜欢旅游，可以去一些银行办信用卡或银联卡。比如办一张建设银行的春秋龙卡，就可享受春秋国旅的会员服务，还可享受景区门票和酒店预定优惠、汽车租赁等特色服务，在旅行途中能为你省下很多钱。此外，旅行途中你可以刷银联卡，但不要刷万事达或VISA，这样可省去汇率损失和手续费。

4. 积极参加一些旅游网站的各类活动

现在，一些旅游网站为了促销自己的旅游产品，经常会举办一些活动，比如举办旅游体验博客大赛等。通常，“穷游族”会积极参加这类活动，因为这样不仅能晒晒自己的出游体验，还能有机会获得一定的奖励，甚至会获得免费旅游的机会。

5. 选择经济型旅馆

在住宿方面，“穷游族”通常会选择经济型旅馆、青年旅馆等低价旅店，或者选择一些家庭旅馆。即使是家庭旅馆，也最好提前预订。你可以登陆淘宝网上的家庭旅馆网站，因为它的价格比携程网和艺龙网都便宜。

除了低价旅店和家庭旅馆之外，一些大学的招待所的价格也比较便宜。通常，100多元就可以来个标准间，所以，如果你去厦门、浙江等地旅游的话，不妨选择厦门大学、浙江大学的招待所入住。

6. 拼团旅游

跟团旅游的行程比较紧张，如果你不喜欢跟团的话，可以自己拼团。比如，跟同事、亲戚或朋友一起出行，而“穷游族”通常会找网友拼团。因为人多了，不论是交通还是食宿，都可以均摊，这样就等于省钱了。当然，大家互相照顾，安全也有保障。

7. 吃喝自助

在吃、住方面，“穷游族”一般不太讲究。比如吃饭，“穷游族”通常会自带矿泉水、火腿肠、方便面等，因为旅游区的饮料和食品都特别贵。下次旅游前，你也可以学一下“穷游族”，在酒店附近的超市买一些饮料、方便面、小零食，或自己备一个小水壶。因为机场、旅馆一般都提供免费的饮用水，可随时打水喝，这样也可以节省不少银子。

8. 少购物

“穷游族”一般不会在旅游景点购物，因为旅游区的商品价格比较高。通常，在出游前，“穷游族”会准备好衣服、鞋子，还会准备一件可挡风遮雨的风衣，其他衣物视天气情况而定。

如果你想购物的话，可选择一些折扣较高的商场。比如在香港旅游，就可去东荟城（东涌）、世界贸易中心商场（铜锣湾）或太古城中心（太古）购物，因为这几个地方的品牌商品一般折扣较高。

物价上涨导致旅游区的酒店、景点门票上调，是旅游爱好者无法改变的，但对于如何更实惠地购买商品，却是可以选择和研究的。

房租上涨，租房客变身“二房东”更省钱

2011年，猪肉涨了，青菜涨了，真的是问君能有几多愁，恰似物价向高走。而对于北京、上海等大城市的“漂漂族”来说，感觉涨价最猛的就是房租了。

房租为何一涨再涨呢？有人认为是受限购政策以及房主逐利心理的影响，也有人认为是受供需关系的影响。就拿北京来说，北京没有限制外地人口入京，大量外地人导致租房需求特别大，而现实中的房源又是十分有限的。据相关媒体的报道显示，2011年8月份，北京全市租赁成交楼盘超过2000个，平均租金3250元，较去年同期上涨11%。可以说，房租涨幅极大。

其实，房租涨幅过大的城市不只北京，上海、广州等大中城市的房租情况亦是如此，甚至连兰州城区的房租价格自2011年以来，连续上涨幅度已经超过了10%。

如此大的涨幅，让诸多租房族倍感压力，一些“漂漂族”不得不像候鸟一样被迫着到处搬家。

张先生老家是湖南的，毕业于北京某大学，大学毕业后留在北京工作。由于月薪3000元左右，所以只能到离市区比较远的大兴区租了一套

房子。即使如此，毕业三年来他依然搬了三次家。当然，每次搬家都是因为房东涨房租。

2011年9月份，张先生租的房子到期了，房东通知他，如果继续租的话，每个月的房租涨1000元。于是，不想多承担1000元房租的张先生开始到处找房子。幸运的是，没过几天他就遇到一个非常爽快的新房东。这个新房东并不指望租房子赚钱，而是不想让房子闲置，就想找一个爱惜房子的租客。而张先生一向爱干净，即使是租的房子，也经常像自己的房子一样维护、打扫。于是两人一拍即合，新房东高兴之余，竟然逆市而行低价租出。这可真是天上掉下一个好房子啊。

与新房东签完租赁合同之后，张先生就开始马不停蹄地请钟点工清扫残余物品，将墙壁粉刷得雪白铮亮，又买了一套简单的二手家具……等搬进来时，就好像住进了自己的新家一样，那感觉就一个字——“爽”。套用一下搜房网的口号，就是“租别人的房子，过自己的生活。”

房租一涨再涨，“漂漂族”应该如何应对呢？有人说，可以借鉴《老友记》中的友好居住方式，重新开始“同居”——合租。别说，这还真是一个不错的招儿。

卢先生自己租了一套60平方米的一居室，每月房租1300元。除此之外，每月还要加上120元的上网费、100元的水电费。这样一算，卢先生每月的房租开支就要1500元左右，这基本上占据了他每月工资收入的1/3。让他没想到的是，房东又要涨房租了。

无奈之下，卢先生只好退掉了原来的一居室，从网上找了一个网友，两人合租了一套每月租金1800元的两居室。房租、水电费、上网费均摊，卢先生在房租方面的压力明显小了很多。

除了与人合租房子之外，还有一个法子可以让“漂漂族”省房租，那就是当“二房东”——自己租一整套房子，然后再转租其中一部分。

2011年年初，房租刚出现上涨的苗头，赵先生就租下一套三室一厅、中等装修、月租金2100元的房子。赵先生自己住了最小的那间卧室，其他两个卧室在一个月内就租了出去，其中主卧租金1500元、次卧租金1000元。水电费、上网费等费用均摊。这样，赵先生除了不用花钱租房子外，每月还能净赚400元。

虽然当“二房东”这个方法不新奇，而且这种转租的方式在国外也很常见。但真正要当好“二房东”，还是需要一些技巧的。

1. 上网淘便宜房子

现在通过中介公司租房子，对方动辄要收一个月房租作为中介费。与其租这样的“贵”房子，还不如上网去淘一些不需付中介费的个人房源。如果幸运的话，还是能租到便宜房子的。

2. 租简易房

想做“二房东”的话，可以考虑租一些简装或没有装修，甚至没有家具的空房子，因为这样的房子租价通常比较低。租下来后，可以做下简单的装修，比如刷下墙、铺点地板革、买一些简单的二手家具和家电，就会让房子大变样。如此一来，就能把转租的房租提上去，自己就可以少付或不付房租，甚至是赚些钱了。

3. 招长期租房的租客

作为“二房东”，通常必须提前支付整套房子的房租。如果有合租者中途退出，就必然有房子闲置，因而“二房东”最好把房子租给那些长期租房的租客，哪怕房租便宜一点都可以。否则，一间房子空几个月，损失就大了。

4. 多掌握租客的情况

如果租客不是自己的同事或朋友，而是不熟悉的陌生人的话，“二房东”最好通过其他方式掌握一些对方的个人情况，查看一下身份证是必需的，并且要压对方一个月的房费。当然，即使和同事或朋友一起合租，最好也与对方签订一份租房协议。

5. 错“峰”租房

错“峰”开车可以省油钱，错“峰”租房自然也可以省房钱了。

通常，每年春节过后、暑假之前和秋季开学之前，租房需求比较大，特别是6、7月份大学生毕业，房源就更为紧张了，房价自然就会上涨。因而，如果想重新找房子，最好错过租房高峰期。

此外，“二房东”最好把房子租给有固定工作的房客，因为有固定工作的房客不仅有能力长期付房租，而且生活比较规律，早出晚归，不会影响其他人。

作为“漂漂族”，生活在异乡，租房子是必需的。所以，与其抱怨，倒不如做一个快乐的租房族，变着法子省钱租房子，或者自己投点资，先租一整套房子，再转租。这样，在房租不断上涨的大环境下，才能过得轻松一些。

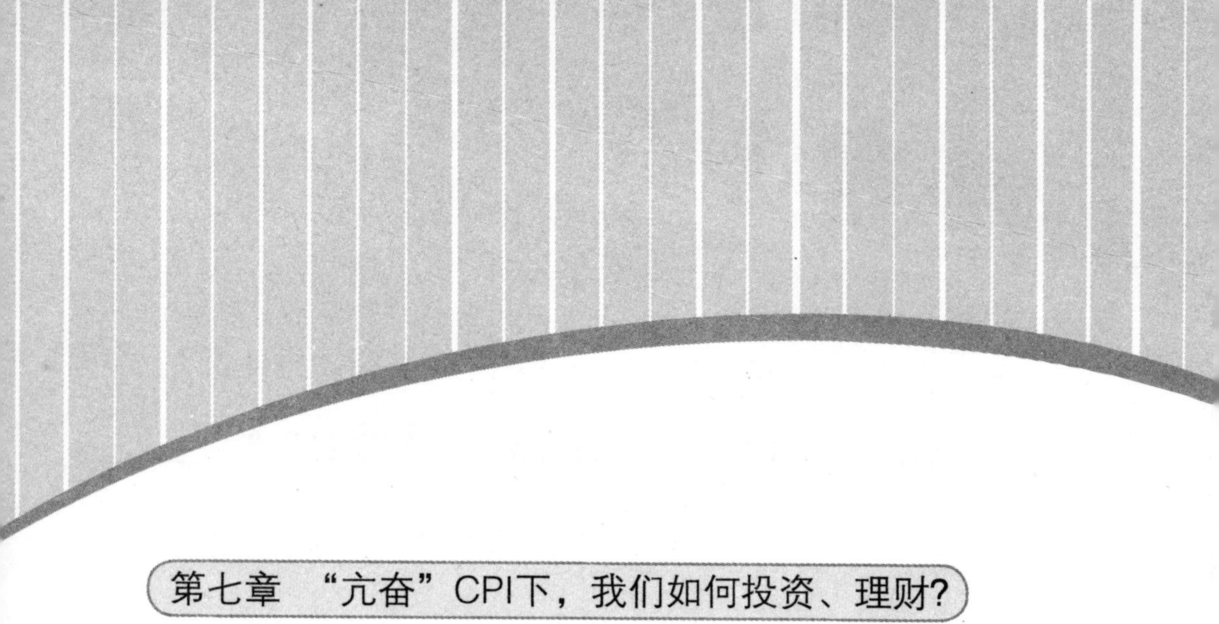

第七章 “亢奋”CPI下，我们如何投资、理财?

2011年的物价不断飙升，在如此“亢奋”的CPI下，如果我们想有效地抗通胀，就不仅要精打细算过日子，改变大手大脚花钱的习惯，更要学会投资、善于理财。要知道，应对通胀最好的途径就是设法增加收入。

比如，将手头的余钱变成黄金、股票、债券、房产、有“液体黄金”之称的高端白酒等。只有将手头的余钱做一些投资，我们才能让自己的资产保值或增值，也才能跑过高速飞涨的CPI。

“亢奋”CPI下，百姓如何念好“理财经”？

近几年，特别是2011年，随着物价的不断飙升，很多人开始精打细算地过日子。但用省钱的方式理财，其速度永远跑不过“亢奋”的CPI。那么，寻常百姓到底要怎么做，才能跑赢CPI呢？

钟小姐在济南一家事业单位工作已经5年了，但月薪3000元的她迄今没有任何存款。为了改变钟小姐大手大脚花钱的习惯，她父母于去年按揭购买了一套小户型商品房，由她支付每月1000元的房贷。虽然开始供房后钟小姐还是“月光族”，月月工资所剩无几，但她在无形中还是存下了一笔钱。因为她供了房子，或者说投资买了房子，而房子的增值空间又比较大。

在CPI维持高位运行的情形下，通过置业来理财，确实是抗通胀的好方式。但需要提醒老百姓的是，要结合自身情况，根据自己所处的年龄段，采用不同的理财方式。现在就让我们具体分析一下：

1. 年轻人：节流第一

对于一些刚参加工作没多久、收入不高、手头的富余资金不多、生存压力比较大的年轻人来说，关键是要设法节流，改变花钱无计划、无节制的毛病，养成固定存钱的习惯，比如每个月必须存1000元。这样，才能在工资有限的前提下存点钱，等存款达到一定数量的时候，比如存到1万元时，就可以进行投资了。

2. 中年人：增加在资本市场的投资

中年人往往参加工作多年，手头有一定的积蓄，如果不需要买房子、买车的话，就可考虑减少银行存款、国债等理财产品，而考虑将更多的资金投入到资本市场，比如购买股票、基金等，让资金“活起来”。

3. 老年人：要投资，更要资金安全

对于上了年纪、需要养老的老年人群体来说，如何保证手头资金的安全是最根本的要点。在保证资金安全的前提下，老年人可适当做一些投资。除了银行存款和国债，老年人可拿出一小部分资金做比较“激进”的投资，比如购买股票和基金。总之，老年人的理财原则是：身体、精神第一，财富第二，主要以稳健、安全、保值为理财目的。

当然，要想有效抵御通胀，最重要的是要积极理财或投资，现在就让我们来看下业内人士的分析与建议：

1. 灵活选购理财产品

目前，由于中国经济处于整体经济结构和增长方式的调整期，通胀不会在短时间内消失，因而，如果你想守住“血汗钱”的话，就需要在现金与投资理财之间找到支点。比如，通过更为多样、灵活的方式，平衡风险与收益，让自己的钱保值、增值。而储蓄、股票、基金等是市民理财的主要方式。

2. 选择收益率较高的理财产品

从目前的资本市场来看，到期收益率较高的主要为挂钩于股票、基金和黄金的结构性产品，以及少部分股权投资产品、商品类投资产品和信贷产品。因而，随着通胀预期升温，黄金、股票等资产价格上涨，购买挂钩型理财产品跑赢通胀的概率比较大。不过，在购买挂钩型理财产品时，投资者一定要注意，既要看其是否有保本条款，又要仔细了解产品结构，因为只有做到投资标的及收益条件心中有数，才能实现预期

的收益。

3. 理财产品以“短”为主

为应对通货膨胀，央行通常会采取加息措施，而在加息前，老百姓应尽可能让自己的资金“活起来”。在通胀预期不断加强的情况下，投资者应更加重视资金的流动性，购买银行理财产品也应以“短”为主。比如两三个月的短期理财产品，年化收益率已高于一年期定存利率，且资金灵活性较强，产品到期后若加息，就可选择更高收益的投资方式。

4. 做好家庭的风险管理

在物价不断上涨的时代，一定要做好家庭的风险管理。具体来说，就是将家庭的年收入进行财务分配，拿出其中一部分进行风险管理，比如买保险，因为保险的保障功能可以使人自身和已有财产得到充分保护。

5. 适当借债去投资

如果想投资的话，可适当申请银行贷款，比如买房子、买黄金。因为房子、黄金等资产的价格通常会随着物价的上涨而上涨，涨幅比银行利息高多了。除去银行贷款利息后，投资者一般都能小赚一笔。

6. 听从理财师的建议

现在的理财渠道非常多，可以选择的金融产品更是数不胜数，但由于这些金融产品良莠不齐，好的有10%左右的稳健收益，差的就会亏损。因而，如果你不懂理财的话，可以找一个专业的理财师，让对方帮忙进行理财规划，或帮忙筛选产品，这样就能更好地避开风险，抵御通胀。

总之，对抗通胀的最好方法就是积极应对，既要通过传统的节约过日子，多省点钱，又要学会购买各种理财产品，多挣点钱，让自己的财产不断增值。

通胀来袭，我们如何保障资产不缩水？

通胀时代，为了保卫自己的财富，保全资产不缩水，大部分人的做法是千方百计地省银子，节约着用钱。比如，一听说物价上涨就大量抢购油、米、面的“囤囤族”，为了降低产品单价而千方百计找人拼团的“团购族”……除此之外，还一些中低收入者会把从牙缝里省出来的钱存进银行，并指望着以后靠存款买房子、养老和供孩子上学。

其实，这些方法都是比较消极的应对之策，尤其是把钱存进银行，物价的不断上涨会导致银行存款一再贬值，相当于自己辛辛苦苦攒下的一部分钱就打了水漂。

如何积极地应对物价上涨，才能成功打响财富保卫战呢？理财专家认为，最好是通过积极理财，或投资或创收的方式，来保卫财富。

据国家统计局公布的2011年上半年城镇居民收入情况显示，2011年上半年城镇居民人均可支配收入11041元，同比增长了13.2%，扣除涨价因素，实际增长了7.6%。这就说明居民收入增加速度还是高于物价上涨速度的，也就意味着很多人手头还是有余钱的。而这部分钱就可拿来投资，把钱变成资产，就能更好地抗通胀了。

所谓资产，是指能为人们带来收益的财产，像房产、股票、债券

等。由于物价上涨的时候，资产的价格也在上涨，因而当钱变成资产后，就能不断地创造新的财富。

如何将手头多余的钱变成增值的资产呢？理财专家认为，以下几种投资理财方式比较实用，获利也不错，正在设法抗通胀的朋友们不妨尝试下：

1. 购房产

尽管国家近年来出台了一系列房产调控政策，比如限购令、限价令，但投资房产还是一个不错的选择。因为限购令、限价令出台后，只是使得投资房产不像原来那样有高额回报了，但还是可以跟上通胀的步伐，这样就不至于让手头闲置的钱大幅缩水。

目前来看，如果长期投资，就要买大城市的房子，而短期投资最好买没有实行限购政策的中小城市的房子。之所以这样做，是因为没有实行限购政策的中小城市的房价会涨得快些，这样获利也高一些。

此外，投资房产时要注重控制负债率，家庭的负债率最好控制在家庭总资产的30%～50%。

2. 收藏古玩

通货膨胀时，古玩市场通常是水涨船高，收藏品的价格涨得很快。所以，如果你手头有余钱的话，可尝试下收藏古玩。不过，这个行业的风险较大，在购买之前一定要了解、掌握相关方面的常识，否则就会上当受骗。

3. "囤"实物不如买基金

物价上涨催生了很多"囤囤族"，而且很多人囤东西并不是为了减少生活成本支出，而是作为一种投资，比如囤很多大豆、糖、玉米等大宗商品，希望等这些商品价高的时候，再卖出去，以此赚些价差。

事实上，现在投资渠道很多，已无须把成吨的大宗商品囤起来赚钱，而可以通过商品指数基金参与到大宗商品市场中，轻轻松松小赚一笔。但要注意的是，投资商品指数基金等理财产品也有风险，在购买之前，一定要先问清楚。

以上是比较常见的几种理财方法，虽然这些方法不是起死回生的灵丹妙药，但却可以让你轻松渡过通胀时期。

如果你已工作多年，手头有一定存款，并且投资了某些理财产品，就要注意以下几点事宜：

1. 注重资产配置中流动资产与固定资产的比例

这一点对于房产投资者最为重要。由于国家的宏观调控政策，在未来几年里，房产价格很有可能出现停滞的局面。如果投资于房产、地产等固定资产的比重过高，就要尽快进行调整，因为这种资产配置不利于进行投资转换。

2. 适当增加可固定获益的投资品种

在当前的通胀时代，投资者需要适当降低对高风险、高收益类投资工具（比如股票）的比例，增加一些可固定获益的投资品种，这样才能更有利于抵御通胀带来的投资风险。同时，可增加一些受滞胀影响较小的投资产品，像黄金、白银等，增强资产配置的安全性。

总之，在通胀时代，如果你收入不是很多的话，可以平衡消费与收入间的差额，严格控制每月支出，哪些是必要支出，哪些是不必要支出。只有这样，才能保证每个月有固定的资金用于投资。当然，如果你手中有多余的钱，更应该拿来投资了，也只有这样，你的财富才会像雪球一样，越滚越大。

加息之下，“房奴”如何防缩薪？

如果你问哪一个群体的生活最累，相信很多人会回答“房奴”。

“房奴”，顾名思义，就是因月月按揭供房受到房子“奴役”，成为房子“奴隶”的人。这些人原本生活得很轻松，但自从买了房子后，一切都变了，他们背负着银行贷款，供养着又爱又恨的房子，不敢乱花钱，不敢老下馆子吃饭，不敢买太高档的衣服、不敢轻易换工作。为此，“房奴”们是情绪低落、苦闷不堪。

如果问“房奴”最怕什么，我相信除了丢工作，就是银行加息了。如果银行加息，房贷率就会提高，每个月要还的房贷金额就随之增多，相应的，自己每个月的可支配收入就会减少，换言之，就是“被缩薪”。但偏偏怕什么来什么，2011年上半年，银行先后进行了三次加息。这对于“房奴”们来说，简直就是雪上加霜，难以承受房贷之重。

30岁的林先生在北京一家事业单位工作，他和妻子每月收入加起来在1万元左右，他们还有一个刚上小学的儿子。如果不是前几年他们贷款买了房子，生活应该很舒适、很惬意。但自从买了房子后，林先生就感觉手头不那么宽裕了，因为他每月需还房贷5000元左右，再加上一些杂七杂八的必要开支，每个月的工资就没有多少结余了。特别是2011年以来，由于物价上涨导致家庭生活支出增加，更让林先生感到手头拮据了。而最让林先生纠结的是，今年银行不断加息，房贷率涨了又涨，自己是变相降薪啊。

在房贷率提高之后，林先生要为之多付出多少房贷呢？有人这样算了一笔账：以房贷贷款金额为20万元、期限15年、等额本息方式还款为例。如果采用基准利率，加息前年利率为7.56%，每月还款1860.85元；加息后年利率为7.83%，每月还款1891.73元，每月要多还款30.88元。如果贷款者能得到下浮15%的利率优惠，那么加息前年利率为6.426%，每月还款1734.09元；加息后年利率为6.6555%，每月还款1759.36元，每月要多还款25.27元。

其实，在当前物价居高不下的情形下，林先生遇到的问题是众多“房奴”所遭遇的共同问题——面对银行不断加息，“房奴”们应如何还贷，才能不让收入缩水，像往常一样快乐生活呢？

对此，理财专家有以下几点建议：

1. 考虑固定利率房贷

如果不是固定利率房贷，银行加息了，“房奴”们就要因此多支付利息。最重要的是，每次利息一涨就是一年，就算中间降息了，“房奴”们也要付最少一年的高利息。而且，别看每次加息不是很大，如果累计起来，增加的月供就不是一个小数目了。可见，“房奴”将自己的房贷利率改成固定利率是非常必要的，特别是在加息较频繁的情况下，购房者越早选择固定利率房贷越好。

但要注意的是，固定利率房贷并非长期不变，而且固定利率房贷的设定值通常较高。因而，“房奴”们应先仔细计算不同还款方式之间的还款差额，再决定如何选择固定利率房贷。

2. 工薪族“房奴”要提前还贷

通常，在加息预期下，“房奴”提前还贷是节省利息的不错途径。

如果近期没有大额支出，又不想投资的话，最好是提前还贷。因为通常情况下，工薪族“房奴”的理财收益会低于房贷利息。

如果提前还贷，最好是考虑年底办理提前还贷手续。因为房贷一般都是从每年的1月份开始使用新利率，即使今年加息，还款额也是从明年1月才开始增加。

不过，如果近期有大额支出，就最好不要提前还贷了。如果到时再申请新贷款，碰到银行加息，就要按照新利率还款，反而不划算。如果手头有余钱的话，“房奴”可购买“存贷通”，既可享受活期利息，还可以享受远高于活期的理财收益。

3. 金领族“房奴”可延后还贷

对于中高收入的金领族“房奴”来说，可延后还贷。因为这类人群可通过炒股、买基金等方式投资理财。通常，在投资环境整体向好的情况下，其投资获利会高于房贷利息。因而，与其提前还房贷，不如用这些钱“生钱”，增加家庭收入，抵御加息带来的压力。

4. 选择“省利息”的房贷产品

“房奴”们除了用固定利率贷款、延后或提前还贷的方式来应对银行加息外，还可通过选择一些比较“省利息”的房贷产品来抗通胀。比如，深圳发展银行推出的“气球贷”、兴业银行推出的“房贷利率宝”产品，以及中国银行、光大银行、建行银行等推出的“固定＋浮动”类房贷。“房奴”们可根据自己的实际情况，因人而异地选择“省利息”的房贷产品。因为这些产品既突破了固定利率产品期限较短的限制，又延长了固定利率的期限。

5. 多听理财专家的建议

目前，各大银行的房贷还款方式主要有等额本金、等额本息、接力还贷、“气球贷”等。应该选用哪一种还款方式呢？最好请理财专家为你多做几个测试进行比较，然后从中选出最适合自己的还款方式。

总之，由于2011年物价上涨幅度较大，银行不断通过加息的方式来宏观调控，在这种情况下，“房奴”们既要谨慎对待房贷合同，不要盲目提前还贷，又要通过调整房贷规划、购买房贷理财产品来减轻负担。这样，才不至于让自己有限的薪水减少，才能轻松快乐地生活。

投资黄金抗通胀，不是传说

杨先生在上海一所中学当老师，每月有6000元左右的收入，是典型的中等收入者。因为参加工作多年，手头小有积蓄，而这两年又见别人炒股、炒房赚了钱，眼红之际也有了投资的想法，可投什么好呢？就在这个时候，一个关系不错的同事建议道："买黄金吧！近期黄金价格蹭蹭地涨，买了肯定只赚不赔。"

听同事这么一说，杨先生有些心动，但如何投资黄金呢？看来，得先了解一些基本常识。于是，杨先生特意跑了一趟书店，买了一本关于炒黄金的入门书。

黄金，又被人们称为"硬通货"。目前，国内黄金投资可分为两大类：

一类是买卖实物黄金。实物黄金是指大家都熟悉的黄金产品或收藏品，包括各种金条、黄金首饰、纪念金币等。通常，实物黄金适合于中长线投资的稳健型投资者，不需要投资者具备很专业的投资知识，不用每天关注金价的波动，是最省心的一种投资方式。实物黄金具有保值避险的优势，符合人们"藏金"保值规避通胀和货币贬值的需求。

另一类是买卖"纸黄金"。"纸黄金"又称为"记账黄金"，是一种个人凭证式黄金，指投资者在相应机构按银行报价在账面上买卖“虚拟”黄金，个人通过把握金价走势低买高卖，赚取差价。投资者在整个交易过程中不会接触到实物黄金。

由于“纸黄金”的投资过程不发生实物黄金的提取和交割，因而操作起来比较简单，避免了交易中的成色鉴定、重量检测等手续。另外，“纸黄金”的投资门槛比较低，手续费总体上比买卖实物黄金低，同时也不用为保管黄金操心，所以深受投资者欢迎。

抱着极大的热情，杨先生在某天中午以每克160.03元买进了100克“纸黄金”。但胆小的他因为害怕风险，早上买的“纸黄金”到了下午就沉不住气，情急之下转手卖了，不过也赚了近100元。初战告捷，杨先生信心百倍，之后更是乐此不疲。

现在，像杨先生这样手头有些余款，并热衷于黄金投资的人越来越多。当然，这与近年来国内通胀压力逐步加大有很大关系。2011年物价上涨，在通胀压力越来越大的情形下，黄金既有不错的保值功能，又有较大的升值潜力，因而很多投资者对黄金是情有独钟，都用它来抗通胀。

那么，购买黄金就没有风险了吗？当然会有风险。与任何其他投资方式一样，黄金投资也不可能“包赚不赔”，尤其是对短线投资的炒金者来说，更是如此。因而，投资黄金依然要慎重考虑，并要注意以下几点事宜：

1. 理财“菜鸟”可投资“纸黄金”

如果你没有黄金投资经验的话，可以先拿“纸黄金”来练练手。因为目前“纸黄金”的金价走势比较平稳，同时不需要花太多时间盯盘。

2. 多听理财师的建议

现在，影响黄金价格波动的因素很多，并且很复杂。如果想炒黄金的话，一定要有综合分析能力，如果没有，可以找一个专业理财师，多听下理财师的建议。

3. 买多少因人而异

买多少黄金合适呢？这当然要看个人的经济条件。如果经济条件较好的话，可以多买一点。根据国际与国内金融市场的经验来看，通常“手握10两黄金”就可以应对一般性的金融风险和通货膨胀。当然，如果你是一个小富翁的话，以多买为佳，可采取中级藏金计划（50两）或高级藏金计划（200两）。

4. 做好死捂的准备

黄金投资者要做好长期投资的准备，不能像买股票那样交易频繁。因为长期持有能够有效地保值、增值，而短期操作会有较大风险。特别是不太熟悉黄金业务的投资者，更不宜短线操作。

5. 选择最佳投资时间

每年的2、3月份到7月份前后，黄金市场会有一个低点，因而，此期间通常是购买黄金的最佳时机，其他时间最好不要购入。

除了以上几项事宜外，黄金投资者还要注意，个人炒实物黄金前一定要选好品种，最好买金条，不要买首饰。因为首饰是工艺品，等你急着用钱的时候，有不好出手变现的可能。

总之，与股市一样，投资黄金也有风险，尽管比股市的风险小很多，但小心驶得万年船，投资者还是以多加小心为佳。

通胀时代，如何才能坐收“酒利”？

在通胀时代，钱越来越不值钱，我们怎么办？通常，在物价上涨的情形下，只有设法提高收入，才能抵御通胀。否则，生活质量就会直线下降。

那么，我们如何提高收入呢？有人建议收藏白酒。因为有“液体黄金”之称的高端白酒年年提价，“投资白酒胜过黄金”、“炒酒好过炒楼”等说法也开始在坊间流行。

供职于广东清远市某大学的郑老师，自2011年起就开始收藏白酒。5月份，郑老师从朋友那里买了5瓶53度飞天茅台，每瓶价格为1300元。郑老师非常高兴，因为自从去年茅台涨价后，他在清远一直难觅正品飞天茅台的身影。酒到手后，郑老师就上网查茅台酒的报价，发现53度飞天茅台酒的标价是1399元，但处于缺货状态，接连几天都是如此。

茅台酒真的有收藏价值吗？笔者为此专门上网查资料，发现2010年11月下旬，53度飞天茅台的价格一度逼近1300元的高价，而在2010年上半年，仅用838元就可以买到。如此大的涨幅，就意味着茅台酒有很大的升值空间与收藏价值。

茅台酒作为高端白酒的老大，其价格的波动就犹如一个风向标，通

常会波及整个白酒行业。比如，2010年茅台共涨价6次，五粮液则涨价3次；2011年年初，茅台又宣布出厂价上调20%，五粮液也随即上调了价格。

茅台、五粮液等高档白酒愈演愈烈的涨价潮，不仅让自身身价倍增，而且在国家对房价进行调控、股市方向不明、价值投资品稀缺的市况下，高档白酒已然成为近年来收藏市场的新宠。近几个月来，很多拍卖场都有酒类产品予以拍卖，并且屡屡拍出惊天高价就是一个很好的证明。

茅台、五粮液等高档白酒越来越受一些投资者的追捧，但投资者到底要如何收藏，才能坐收“酒利”呢？业内人士建议，收藏白酒时，一定要注意以下这些事宜：

1. 多掌握一些相关知识

由于当前市场鱼龙混杂，真假高档白酒一时难以辨别，因而，要想投资或收藏高档白酒，最好是掌握一些相关知识，比如鉴别好酒的常识与技巧，并去正规场所购买。

2. 关注酒的生命期

如同人的生命一样，酒也有生命周期，并非越陈越好。因而，高档白酒收藏者一定要多关注酒的生命期，特别是要关注酒的品质变化，每隔几年都要品品酒。因为随着时间的增长，酒精度会降低，酒香也会有所损失。

3. 多收藏高档名优酒、精品品牌酒

通常，高档名优酒、精品品牌酒的酒品质优良，品牌知名度高，特别是那些包装漂亮、精美的高档白酒，更有升值空间。不过，一定要做好长线投资高档名优酒的准备，因为长期保存升值空间大。

4. 多收藏密封性好的白酒

一般来说，由高密度材质酒瓶灌装的白酒，保存时间较长。比如，不锈钢瓶装酒、玻璃瓶装酒（封口需技术处理）等，就算保存较长时间，也不会影响产品的质量。

5. 适量囤中档酒

随着高档白酒价格的飞涨，中档白酒也会跟风上涨。因而，白酒收藏者可多多少少收藏一些中档酒，比如红花郎、国窖1573等白酒。

腾先生是一家销售公司的经理，2011年4月份，他一次性购买了数万元的中档白酒，想在中秋节给客户送礼时使用。他是这样想的，近年来白酒一再涨价，到中秋节时再买价格肯定又会涨一截，所以就提前买好了存在家里。没想到的是，到中秋节前夕，自已藏的红花郎、国窖1573等白酒真的涨了不少，算下来已经小赚了一笔。

6. 不要大量购买

收藏白酒确实能够获得一定的收益来抵抗通胀，但白酒不易变现，目前国内白酒变现只能通过拍卖或是投资者相互转手的形式，因而投资者如果手头不是太宽裕的话，不要大量购买。

如果你也想加入高档白酒收藏者的行列，不妨参考本文中的收藏妙方，相信这些妙方会让你的收藏之路变得更加顺坦。

股票、基金，哪种理财方式能跑赢CPI?

现在的物价持续上涨，投资者要如何投资，才能跑赢不断高涨的CPI呢？有人说炒股票比较好，有人说投基金不错，但更多的人是犹豫不决，不知道投资什么项目比较保险。孙女士就是其中一位。

在北京一家医药公司供职的孙女士，每月有5000元左右的工资，她老公每月有1万元左右的收入。前年，他们买了一套房子自住。买完房子后，手头还有20万元存款。因为近期物价不断上涨，孙女士和老公都有了投资理财的想法。于是，两人打算动用10万元存款进行投资，来抵抗通胀的威胁。但到底是炒股票还是投基金呢？他们倒是真的犯了难。

业内人士认为，通过买股票来应对通胀是一条投资途径，但由于股市风险较大，所以需要好好考虑。比如投资多少钱合适、购买哪种类型的股票等。同时，也要注意，在物价上涨的影响下股市的表现比较活跃，但并不是一味上扬。业内人士提醒股票投资者，一定要小心应对。

1. 以短期利润为主

由于物价接连上涨，通胀预期管理比较困难，相关部门不断出台各种调控举措，因而在这种情形下，如果投资股票市场，最好以短期利润为主，即只要赚了一点儿钱，就应该果断抛售。

2. 多关注相关政策

一般来说，通胀预期形成以后，国家相关部门会根据“防通胀”的需要调整或出台一些有关政策，持有股票的股民们最好给予密切关注，尤其要留意央行的举动。若发现有银行借贷资金入市或者有收缩银根的信号，一定要果断离场。

3. 选择风险小的股票

同其他投资一样，股票投资者要选择风险小的股票，或降低风险投资的比例。另外，股票投资者要量力而行，不要把所有资金都投入股票市场，要进行合理的资产配置，增加防御型产品的比例，这样才能跑赢不断上涨的CPI。

4. 踏准行业板块

通胀预期形成后，股市虽然有振荡，但可能某些板块，比如有色金属、房地产、银行等，会因通胀预期增强而走牛。此时，欲投资股票的投资者一定要踏准行业板块，同时要选对个股。

如果不想投资股市，而想投资基金，不妨参考以下几点建议：

1. 买基金要因人而异

一般来说，买基金要根据自己的实际情况来定。如果刚刚参加工作不久，手头没多少闲余资金，而且风险承受能力较弱，就可考虑增加平衡型基金的比重。反之，如果工资收入比较高，并且有一定数额的存款，就可多申购一些股票型基金。

2. 多选多看多比较

对于寻常百姓来说，买基金前，一定要多选择几家基金公司、多看几个基金品类，通过综合比较作出最后决定。在基金品类上，要选择风险控制好、收益高（达到35.1%的收益率）的基金产品；基金公司呢，主要看其口碑和知名度，以及整体业绩和规模，还有手续费、公司背景等。

3. 基金宜买资源型

我国2010年以来的物价上涨，与国外大宗商品，如石油、钢铁等资源的上涨有关。在这种情形下，如果想买基金，不妨关注一下与资源挂钩的基金，如挂钩贵金属的股票型基金等。同时，要倾向于稳定型产品，特别是你手头的余钱不是很多的话。

在这个什么都涨价的时代，对普通老百姓来说，要想生活得轻松、幸福，就要积极应对通货膨胀，设法让手中的钱生钱，增加额外收入。将手头的余钱投资于股票或基金，都是不错的选择。

需要提醒投资者的是，虽然投资股票或基金的收益比较高，但其风险也较大。如果你是一般工薪阶层的话，一定要控制好资产仓位，投入资金一般在40%～50%为宜。这样，才能避免因投资失败对生活造成的负面影响。

CPI居高不下，钱存银行不如买保险

一提到投资，相信很多人会想到炒股票或买基金，但北京的闻女士并不这么想。

闻女士是北京一位普通市民，她和老公两人每月收入近万元，目前已有两套房产，除了生活开支，平时没有其他大的花销。面对物价不断上涨，自己手头又有一定的存款，闻女士就想投资点什么。

可她看下周围朋友，不是把钱存到银行挣利息，就是炒股票或买基金。但闻女士觉得，通货膨胀的时候把钱存到银行等于是白白送钱给银行，而炒股票或买基金又有被套牢甚至赔钱的风险，所以闻女士既不想把钱存到银行，也不想炒股票或买基金。

那么，闻女士应该怎么办呢？思来想去，她决定去买保险。一听说闻女士要买保险，她老公第一个反对，因为他认为闻女士单位已经给她上了五险一金，自己根本没必要再去花钱买保险。

闻女士应不应该买保险呢？当然应该。因为买保险也可抗通胀，并且有利于家庭风险管理。

买保险何以能抗通胀呢？这是因为保险的功能就是保障，而未来是个未知数，谁都不知道明天会发生什么，买保险就是给明天或未来一

个保障。但是，买什么样的保险才能抗通胀？如何买保险最划算呢？这就需要先了解各类保险的功能，再根据自己的需求决定购买何种保险。

1. 人身保险

人身保险是以人的寿命和身体为保险标的的保险。不论何人，都需要一份最基本的人身保险。传统的定期寿险、终身寿险虽然能解决一个人在某个时期内或直至终老的人生保障，但它们的养老功能并不是很好。因而，聪明的选择是买一份兼具养老和人身保障双重功能的养老型保险。这对于普通工薪阶层来说，是最经济、最实惠的选择。

2. 重大疾病保险

随着生活水平的提高，人们的寿命越来越长，但生病几率也越来越高。据相关部门的统计显示，人的一生中用到重大疾病保险的概率超过70%，尤其是30～45岁的中年人，患染重大疾病的几率超过15%。另外，随着物价不断上涨，一些药品以及其他医疗费用也在增长，所以买一份重大疾病保险也可抗通胀。

同时，最好给自己或家人买一份意外险，因为现在的交通事故、自然灾害越来越多，买一份意外险就等于给自己或家人多了一份保障。

3. 投连险

投连险（投资连结保险）是一种新形式的终身寿险产品，它集保障和投资于一体。保障主要体现在被保险人保险期间意外身故，会获取保险公司支付的身故保障金，同时通过投连附加险的形式，也可获得重大疾病等其他方面的保障。

业内人士认为，通胀对投连险的影响较小。因而，如果你想投资保险的话，可考虑购买投连险。因为这样既能在物价上涨的情形下让手头的钱不缩水，又可建立完善的保障体系，比炒股划算多了。

4. 分红险

分红险是近年来一些保险公司推出的投资型保险。分红险的收益与当时的利率水平及保险公司的投资业绩挂钩，可有效回避通胀对资金贬值的威胁。而目前，各保险公司分红险的收益水平大致分为三档：4%为低档，5%为中档，6%为高档。近几年来，各保险公司的分红险收益均维持在4%～5%左右。如果你手头有多余的资金，可购买分红险抵御通胀。

5. 家庭风险保障体系

通常，家庭成员中的任何一个人出现意外，都会危及整个家庭。因此，如果手头有多余资金的话，可考虑通过家庭成员之间的互保、共保等手段来建立一个牢固可靠的家庭风险保障体系。同时，这种家庭风险保障体系也有利于家庭财产的安全，非常适于工薪阶层抗通胀。

以上提到的就是现在比较受青睐的保险品种。如果你想通过买保险抗通胀的话，就可根据自己的年龄、收入、需求等实际情况选择合适的保险品种。

附录　物价上涨，对工薪族的生活影响有多大?

物价上涨，对很多人的生活产生了一定的影响。物价上涨影响到你的生活了吗？只要你做一下小测试，就知道了。

1.作为工薪族，你每月的平均收入是：

A.1200以下

B.1200～1500

C.1500～2500

D.2500以上

2.物价上涨了，你供职的公司给你涨工资了吗？

A.没涨

B.涨了

C.涨了，但不是很多

D.涨了很多

3.如果你供职的公司给你涨工资了，大体涨了多少呢？

A.100～500

B.500～1000

C.1000～2000

D.2000以上

4.你感觉物价什么时候上涨得比较快？

A.2010年

B.2011年年初

C.2011年“五一”节后

D.2011年8月份

5.受2011年物价上涨的影响，你的月支出相比以前有什么变化？

A.每月多了近千元

B.支出与以前差不多

C.每月多了几百元，还能承受

D.没计算过多支出多少

6.从总体上看，2011年的物价上涨对你的生活影响大吗？

A.影响比较大

B.还可以

C.影响非常大，再不下调就承受不住了

D.不大

7.物价上涨了，你考虑过缩减开支吗？如果考虑过，你计划缩减哪方面开支：

A.缩减吃喝开支

B.缩减购买衣服的开支

C.减少娱乐开支

D.不考虑缩减任何开支

8.你觉得未来的物价还会上涨吗？

A.上涨的可能性很大，涨幅也可能较大

B.有上涨的可能，不过涨幅不会太大

C.上涨的可能性较小，物价将比较稳定

D.不会再上涨了，也许有可能下降

测试答案：

如果你的答案中有7～10个A或B，说明你的生活受物价上涨的影响特别大；有4～6个A或B，说明你的生活受物价上涨的影响比较大；有1～3个A或B，说明你的生活受物价上涨的影响不太大。

反之，如果你的答案中有7～10个C或D，说明你的生活受物价上涨的影响不太大；有4～6个C或D，说明你的生活受物价上涨的影响比较大；有1～3个C或D，说明你的生活受物价上涨的影响特别大。

如果你的生活受物价上涨的影响较大或特别大的话，你就要设法节约过日子，或设法多挣钱了。